Kleine Häuser
auf dem Land

Kleine Häuser
auf
dem Land

Jo Denbury

Fotos von
Chris Tubbs

Text von Ali Watkinson

nicolai

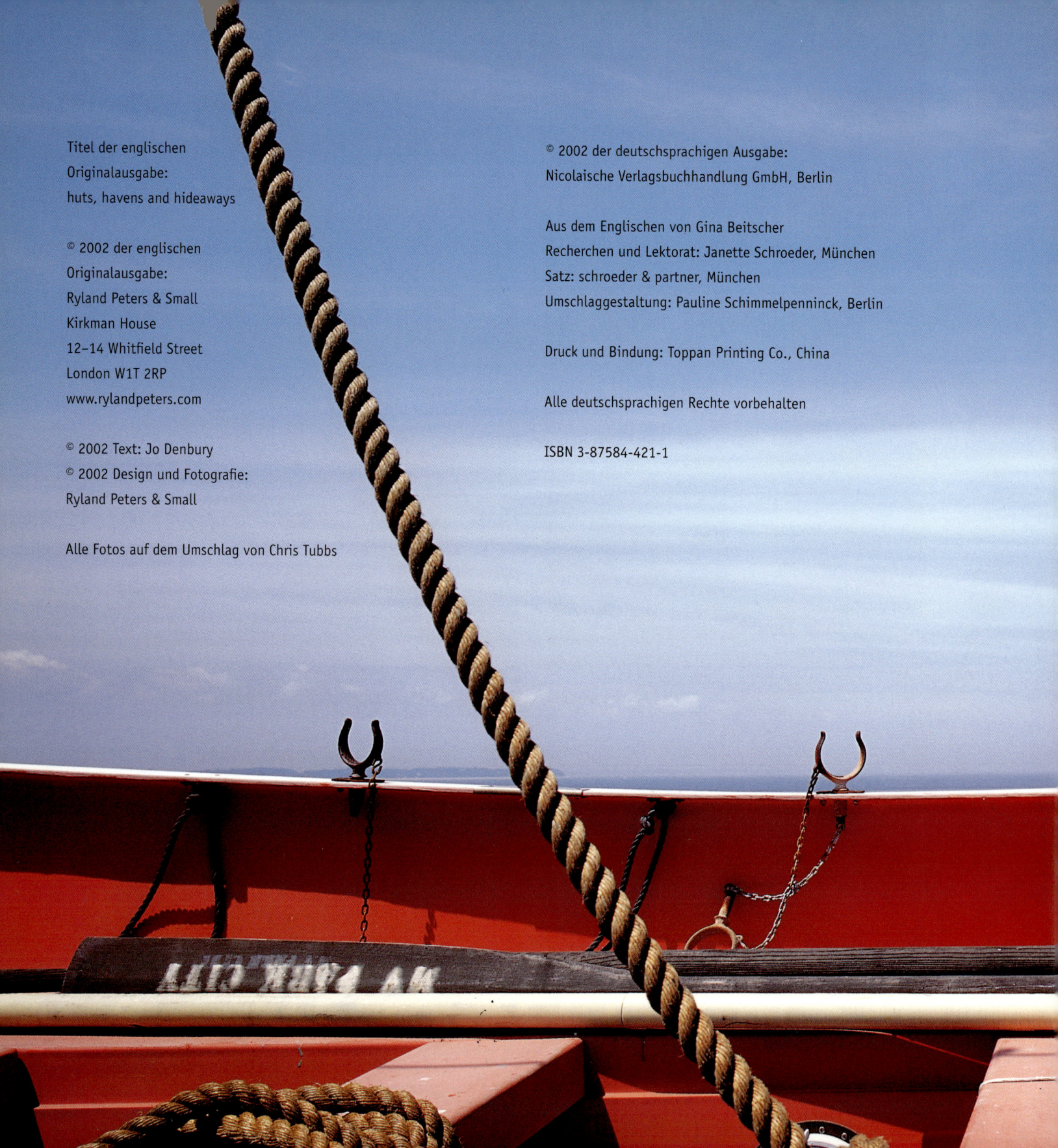

© 2002 der deutschsprachigen Ausgabe:
Nicolaische Verlagsbuchhandlung GmbH, Berlin

Aus dem Englischen von Gina Beitscher
Recherchen und Lektorat: Janette Schroeder, München
Satz: schroeder & partner, München
Umschlaggestaltung: Pauline Schimmelpenninck, Berlin

Druck und Bindung: Toppan Printing Co., China

ISBN 3-87584-421-1

Inhalt

Einleitung	6
Wasser	**10**
Das Element Wasser	12
Vom Wasser geschaffen	14
Vom Wasser inspiriert	16
Zuflucht auf der Insel	18
Hausboot	24
Gartenhaus	28
Mediterraner Charme	34
Romantische Wassermühle	40
Weißes Strandhaus	48
Luft	**54**
Das Element Luft	56
Hoch oben in der Luft	58
Von der Luft inspiriert	60
Luftiges Baumhaus	62
Zurück zur Einfachheit	66
Leben in den Bergen	74
Nostalgie im Eisenbahnwagon	80
Feuer	**86**
Das Element Feuer	88
Vom Feuer geschaffen	90
Vom Feuer inspiriert	92
Wüstentauglicher Airstream	94
Heimat um eine Feuerstelle	100
Galerie der Volkskunst	104
Licht des Nordens	108
Erde	**116**
Das Element Erde	118
Farben und Patina der Erde	120
Von der Erde inspiriert	122
Haus aus Stroh	124
Ehemalige Molkerei	130
Verwunschener Garten	134
Hersteller und Händler	138
Bildnachweise	143
Dank	144

Einleitung

Schon seit langem beschäftigt mich die Frage, wie wir uns ein Heim schaffen können, das mit unseren Urinstinkten im Einklang steht. Warum? Weil ich die Rituale des Lebens genieße: ein Feuer zu entzünden, Gemüse anzubauen, im Freien zu baden und Sterne zu schauen. Als Kind lebte ich einige Zeit in einem Haus ohne Strom und machte kein Hehl daraus, wie sehr mir das missfiel. Ich wollte auf die Annehmlichkeiten des modernen Lebens nicht verzichten, denn es machte mir keinen Spaß, ohne Strom in der Kälte zu sitzen. Heute weiß ich, dass viele Menschen nicht mehr im Einklang mit sich sind, weil sie die wesentlichen Dinge nicht mehr kennen, die uns Kraft geben. Dieses Buch kann eine erste Anregung sein. Wir leben in einer Zeit, in der wir uns über die Art und Weise, wie wir unsere Freizeit verbringen, bewusst Gedanken machen können. Schließlich sind wir doch alle Forscher, stets auf der Suche nach dem Unbekannten und nach Antworten.

Ich glaube, dass die so genannten Segnungen der Zivilisation uns den Blick auf diese Antworten verstellen. Wie vor 6 000 Jahren ist der Mensch auch heute auf die vier Elemente angewiesen, um (über)leben zu können: Das Feuer der Sonne wärmt uns, mit jedem Atemzug füllen sich unsere Lungen mit Luft und wir sind auf die Aufnahme von Wasser und die Früchte der Erde angewiesen. Wir leben jedoch in einer Zeit, in der uns das Elementare dieser Bedürfnisse kaum noch bewusst ist. Doch zumindest in ihrer Freizeit zieht es viele Menschen »zurück zu den Ursprüngen« – wenigstens für eine kurze Zeit möchte man im Einklang mit der Natur leben.

Je deutlicher man die Abhängigkeit von der Technik und den Annehmlichkeiten der modernen Welt wahrnimmt, desto häufiger beschleicht einen die Sehnsucht nach dem einfachen Leben. Es kann so glücklich machen, in der Natur zu sein, die Jahreszeiten hautnah zu erleben und frisch geerntetes Gemüse aus dem eigenen Garten zu essen.

Tatsächlich kommt es auf etwas anderes an, als bis zum Umfallen zu arbeiten und dem Geld hinterherzulaufen. Viel sinnvoller ist es, sein Leben und seine Umgebung harmonisch zu gestalten. Zeit ist heute ein wertvolles Gut geworden und viel zu oft versäumen wir es, innezuhalten und zu staunen. In diesem Buch finden Sie Beispiele für Orte, an denen man das Leben wieder »spüren« kann, ohne ein Vermögen dafür ausgeben zu müssen. Ein ausrangierter Eisenbahnwagon, eine alte Hütte oder ein Kahn können zu Refugien werden, in denen man die Zeit findet, über Wesentliches nachzudenken oder einfach nur zu leben.

Die Menschen, deren Rückzugsorte auf den folgenden Seiten vorgestellt werden, erzählen davon, dass sie dort die Einsamkeit, die Zuflucht, den Kontrast zu ihrem Alltag und die Ruhe finden, die sie brauchen. Hier wollen sie dem Land, dem Wetter und dem Himmel näher sein und die Zeit spüren. Wer sein Refugium schon gefunden hat, der wird sich von diesem Buch bestätigt fühlen, all jenen, die noch auf der Suche sind, möchte es Anregung sein.

Wasser

Das Element
Wasser

Wasser ist ein Lebenselixier: Es löscht unseren Durst, reinigt den Körper, beruhigt den Geist und stärkt die Seele.

Ein Jahrhundert bevor der griechische Philosoph Empedokles erklärte, dass das Universum aus den vier Elementen Feuer, Luft, Wasser und Erde bestehe, bezeichnete der Grieche Thales von Milet das Wasser als den Ursprung aller Dinge. Das ist kaum erstaunlich, wenn man bedenkt, welche Bedeutung dieses Element für des Leben auf der Erde hat. Kein Lebewesen und keine Pflanze könnten ohne Wasser existieren – der menschliche Körper besteht zu über 50 Prozent aus Wasser und über zwei Drittel der Erdoberfläche sind von dem fruchtbaren Nass bedeckt.

Der Wasserkreislauf beschreibt die natürliche Bewegung dieses Elements zwischen Ozean, Atmosphäre und Landmassen: Regen fällt, Flüsse entstehen und münden ins Meer, Meerwasser verdunstet, Wolken bilden sich, aus denen es erneut regnet ...

Nach Ansicht des Wasserschutzexperten Peter Warshall sorgt Wasser nicht nur für alles Leben, sondern auch für Wohlbehagen. »Wasser ist mehr als pure Notwendigkeit ... Das Plantschen in der Wanne oder ein Bad im See wirkt entspannend und macht Spaß, das Meer zu betrachten beruhigt die Seele und im Dampfbad entfalten sich die Heilkräfte des Wassers. In unseren Träumen, Gedanken und Erzählungen steht Wasser wie kein anderes Element für Schönheit, Geist und Anmut und erzählt von einem langen, gemeinschaftlichen Leben.«

Die folgenden »Refugien« geben einen Eindruck von der romantischen Atmosphäre einer Rückzugsmöglichkeit am Wasser. Wie etwa das Hausboot, mit dem sein Besitzer jeden Sommer vom Londoner Liegeplatz an die Küste segelt, oder das hoch über dem Meer gelegene Landhaus, in dem die Eigentümerin eine maritime Atmosphäre schuf – man kann dort fast die Dünung des Meeres spüren und erwartet beinahe, dass der Hafen von Tanger in Sicht kommt.

sinnlich
hypnotisch
kühlend
Leben spendend
reflektierend
vitalisierend
beruhigend

Vom Wasser
geschaffen

Wasser kommt in vielerlei Formen vor, man denke nur an die zahllosen Worte, die es beschreiben: »Fluss«, »Teich«, »Wasserfall«, »Meer«, »Schneeflocke«, »Wolke«, »Gletscher« – und es schillert in mindestens ebenso vielen Farben.

Warum gefrorenes Wasser weiß ist, Meerwasser grün und ein andres Mal blau wirkt, lässt sich wissenschaftlich erklären. Wasser erscheint uns blau, weil die Wassermoleküle rotes Licht absorbieren, das restliche, reflektierte Farbspektrum aufgrund der Streuung vom menschlichen Auge aber als blau wahrgenommen wird. Wasseroberflächen, die Licht vom blauen Himmel reflektieren, weisen ein intensiveres Blau auf als solche, die Licht aus weißen Wolken zurückwerfen. Flache Gewässer wirken grün, wenn pflanzliches Chlorophyll oder gelber Sand das Licht zusätzlich brechen. Wassertropfen oder Eiskristalle streuen Licht in allen Abstufungen des Farbspektrums, was wir Menschen als Weiß identifizieren.

Ob in Form eines zugefrorenen Teichs oder als klares Wasser, ob als Schaumkrone auf einem Wellenkamm oder als Nebelschleier – Wasser wirkt erfrischend, es glänzt, ist feucht, sinnlich und seidig. Es hat seine Spuren auf glatt geschliffenen Kieseln hinterlassen und verleiht dem Treibholz seine häufig abstrakten Formen, es manifestiert sich im feuchten Moos an einer Ufermauer ebenso wie in der Patina, die die salzhaltige Luft auf einer Holzplanke gebildet hat.

Wedgwood
mitternachtsblau
Delfter Fayence
kobaltblau
Saphir
indigo
pudrig-blau
ultramarin
elfenbeinfarben
kieselgrau

Arrangements, vom
Wasser inspiriert

Wasser ist erfrischend und beruhigend, und von dieser Wirkung auf unsere Sinne kann man sich bei der Gestaltung seines Zuhauses inspirieren lassen.

Die Farben des Wassers – Weiß, sämtliche Nuancen von Blau, Grün sowie metallischen Silbertönen – suggerieren Ruhe und Weite. Man scheut sich oft davor, diese Töne zu verwenden, weil man fürchtet, sie würden einen Raum kalt erscheinen lassen. Wie einladend wirkt jedoch ein stiller Teich oder die ruhige See an einem heißen Tag – stellen Sie sich deren Farbe vor, folgen Sie Ihrer Inspiration und wählen Sie eine Nuance, die das Licht verstärkt und mit ihm spielt. Nichts könnte heiterer an den Sommer erinnern.

Blau und Weiß bilden eine klassische Kombination; man denke nur an einen Wolkenhimmel oder die Gischt auf einer Welle. Beide Farben stehen für einen maritimen Stil. In einem modernen Ambiente kann man Blau mit metallischen Silbertönen verbinden. Oder Sie lassen sich von den Strukturen und Farben von Muscheln und Kieseln inspirieren, um Blau mit grauen, naturfarbenen, beigen und sandfarbenen Stoffen und Accessoires zu kombinieren – etwa grobes Leinen oder Hanf- und Seegrasmatten.

Man kann die Farbe Blau aber auch in den Hintergrund rücken und sie lediglich als Akzent einsetzen. Sie werden staunen, welch subtile Wirkung Sie damit erzielen. Einem neutralen Hintergrund kann man dadurch Ausstrahlung verleihen, gleich dem Meer, das einem schon von weiter Ferne ins Auge sticht.

Lange galt, dass Grün und Blau nicht zusammenpassen; wenn sich beide Farben jedoch mischen und Türkistöne – von sattem Blaugrün bis zu zartem Aquamarin – entstehen, werden Stimmungsbilder von tiefen, sturmgepeitschten Ozeanen oder den flachen Uferzonen tropischer Buchten wachgerufen.

ZUFLUCHT
AUF DER INSEL

Warum kehren wir der Stadt nicht einfach den Rücken, wenn uns die Sehnsucht nach mehr Weite packt? Ebenso wie ein Saunagang und die kalte Dusche danach unsere Sinne beleben können, weil Kontraste wirken, empfänden wir den Rückzug an einen stillen Ort wohl kaum als so wohltuend, wenn wir die Hektik der Stadt nicht kennen würden.

Der Alltag in der Großstadt ist oft mühsam, doch auch inspirierend. Oder, wie der Anthropologe Desmond Martin sagt: »Die Stadt ist, trotz aller Mängel, ein unerschöpfliches Refugium, stimulierend und anspornend, in dem sich unsere Kreativität entwickeln und entfalten kann.« Der Besitzer dieses Inselidylls, ein New-Yorker Keramikkünstler, fand hier eine »angenehme Zuflucht; einen Ort, an dem man schreiben und töpfern kann und mein Norfolk Terrier Liberace gerne herumtollt; einen Platz, der so ganz anders ist als das ungesunde New York«.

»Ich entschied mich für diese Gegend, weil man von Long Island aus in kurzer Zeit mit der Fähre da ist; sobald man auf dem Schiff ist, fühlt man sich völlig vom Alltag entrückt. Einmal auf dem Wasser, ist es wie Urlaub – es wirkt wie ein Schutzwall gegen den Alltagsstress. Auf der Insel wird man wirklich zum misanthropischen Einsiedler – das geht so weit, dass man beinahe verwildert und sich kaum noch damit abgibt, sich zu waschen oder anzuziehen! Man kocht, gammelt rum, vergnügt sich und geht baden – das ist alles.«

Der Eigentümer kommt so oft wie möglich her – meist für ein verlängertes Wochenende –, doch ständig könnte er sich mit der hiesigen Lebensweise nicht anfreunden, weshalb er zwischen seiner Robinsonexistenz und dem völlig gegensätzlichen Lebensstil im quirligen New York pendelt. »Ich würde sehr gerne einen Monat auf der Insel verbringen, schaffe aber

Zedern umgeben das Anwesen und bilden eine sanfte Verbindung zwischen dem Innenraum und den wildreichen Wäldern. Der Holzofen im Wohnraum ist auffälliger Mittelpunkt und zudem die einzige Wärmequelle des Hauses. Der eigenwillige »Kamin« wurde vom Besitzer aus Findlingen und Kieseln selbst gestaltet.

höchstens 14 Tage – ich könnte hier auch nicht das ganze Jahr wohnen. Zum einen ist man fern jeder Zivilisation und zum andern will ich zwar ein wenig, aber nicht völlig verwildern!«

Im Winter verfügt das Haus über Meeresblick, die Bucht erreicht man zu Fuß in kaum einer Minute und man kann tatsächlich vor der Haustür ins Kanu steigen und auf dem vorbeifließenden Wasserlauf davonpaddeln. »Man kann hier ständig auf oder am Wasser sein, schwimmen, mit dem Kajak unterwegs sein oder mit dem Hund in der Bucht spielen. Das allgegenwärtige Wasser wirkt äußerst beruhigend.«

Was den neuen Eigentümer in erster Linie an der Einraumhütte begeisterte, waren ihre Weite und Luftigkeit. Der ursprüngliche Bau soll 1972 von einem PanAm-Piloten aus einem Fertighausbausatz errichtet worden sein. Dann wurden Architekten damit beauftragt, ein Doppelschlafzimmer und eine großzügige Lösung für das Bad zu entwerfen, »um in diesem Refugium einen Rückzugsort zu schaffen«.

»Ein wenig
Landleben
täte der
Stadt gut.«
Joseph Roux

Nachdem die Gäste zunächst in zeltartigen Kuppelbauten und Wohnwagen untergebracht wurden, ließ der Besitzer schließlich einen Anbau entwerfen. Die länglichen Oberlichter in dem so entstandenen Doppelschlafzimmer bieten zum einen eine ausreichende Intimität und sorgen außerdem für einen herrlichen Panoramablick auf die Blätter und Zweige der Umgebung – einer »lebendigen Tapete« gleich.

Der neue Anbau wurde so geplant, dass die A-förmige Silhouette des anspruchslosen Baus erhalten blieb, passend zum lässigen Stil des Besitzers und des Arbeitermilieus der Insel, das sie von den nahe gelegenen Hamptons so gänzlich unterscheidet. Den schlichten Materialien wie Sperrholz und Stein verlieh man durch die einheitliche Farbgebung einen unaufdringlichen Charakter. Die weiß lackierten Wände kaschieren die vielen Bausünden und verbinden gleichzeitig die verschiedenen Materialien und Stile zu einer Einheit, was eine Leichtigkeit erzeugt, die unaufdringlich modern wirkt. Wie vor einer Leinwand präsentieren sich vor diesem Hintergrund die persönlichen Stücke des Besitzers, etwa seine Keramikarbeiten, die Tagesdecke oder die Kissen, die er eigens für das Haus anfertigen ließ. Ein Look, den der Besitzer selbst als »modern-rustikal« beschreibt. Die Architekten, die zu regelmäßigen Besuchern geworden sind, beschreiben es als »sehr bodenständiges Haus, in dem man sich sofort heimisch fühlt«, während der Besitzer die Atmosphäre als »vor allem glücklich und ungezwungen« empfindet.

»Wer auf einem Hausboot wohnt, hat ständig zu tun«, so der Eigentümer dieses 26 m langen, traditionellen Themseflussschiffs, »denn da gibt es immer was zu reparieren, zu streichen oder zu schmieren«.

Doch die Mühe lohnt sich: »Es herrscht eine Ruhe wie auf dem Land und die Gäste fühlen sich wie im Urlaub. Wenn man an Deck sitzt und ein Bier trinkt, kann man wunderbar entspannen. Es ist faszinierend, den natürlichen Rhythmus des Flusses und des Meers so hautnah mitzuerleben.«

Das Boot ist beides, sowohl Stadtwohnung als auch ländliches Refugium, denn es ist seetüchtig. Im Frühjahr wird der hohe Mast abmontiert – sodass man unter den zahlreichen Brücken hindurchfahren kann –, um im Hafen eines Küstenorts an der Mündung des Medway River festzumachen.

Das Schiff war bis 1970 als Lastkahn im Einsatz, bevor sein Laderaum in mehrere Wohnräume unterteilt wurde. Der jetzige Besitzer ließ die Trennwände entfernen, um den ehemaligen Laderaum als loftähnlichen Bereich wiederherzustellen, und verkleidete die Wände mit Holz. Da das Boot ausgezeichnet gegen Kälte isoliert wurde, ist es auch im Winter behaglich, ein Effekt, der durch den warmen Rotton noch verstärkt wird.

HAUSBOOT

schützend

sinnlich

rhythmisch

schwankend

knarrend

fließend

heilsam

Am Bug befindet sich eine Schlafkoje (Seite 27). Am anderen Ende des Raums steht eine alte gusseiserne Badewanne. Holz aus verschiedenen Epochen verleiht dem Ambiente Charakter – die Planken sind aus dem Holz der Douglasfichte, die Wände aus Eiche und aus Amerikanischer Pechkiefer.

Hier bleibt es vier bis fünf Monate liegen. Unter der Woche wohnt der Besitzer dann bei Freunden in London und fährt nur an den Wochenenden zu seinem Boot, um die eine oder andere Segelpartie zu unternehmen.

Es ist einfach herrlich, an Deck in der Hängematte zu liegen, die zwischen Mast und Wante befestigt ist, und die Welt an sich vorbeiziehen zu lassen. Zwischen Anker und Tauwerk kann man sich schnell etwas grillen und in einer Sommernacht unter freiem Himmel schlafen. »Besonders schön am Leben auf dem Hausboot finde ich, dass es so mobil ist. Manchmal bin ich unten in meiner Kombüse, und erst wenn ich an Deck komme – und einen Moment lang erstaunt bin, eine neue Umgebung zu sehen –, denke ich wieder daran, dass meine Behausung viele Knoten zurückgelegt hat und sich jetzt nicht mehr in London, sondern irgendwo an der Küste befindet.«

GARTENHAUS

Die Lage des eleganten Gartenhau-
ses ist wohl durchdacht. Durch eine
natürliche Lücke in der Vegetation
hat man einen wunderbaren, freien
Blick bis weit aufs Meer hinaus.

Die Besitzerin schwärmt denn auch: »Der Ort
ist von magischer Stille erfüllt, die einen dem
wirklichen Leben entrückt. Ich kann mir keinen idealeren Platz vorstellen.«

Bei der Gestaltung ließ sie sich von Strand-
häusern inspirieren, die sie schon als Kind
faszinierten. Das Holzhaus steht am Rande des
üppig bewachsenen Gartens und wird an seiner
Rückseite von einer alte Eibe geschützt. Ein-
gebettet in eine Lichtung, wird es auf drei
Seiten von Rasenflächen und Blumenbeeten
gesäumt. Direkt vor dem Haus wurde ein Teich
angelegt. »Ich wollte das Gefühl haben, als
ob das Häuschen auf dem Wasser schwimmt.«

Beeinflusst von den einfachen Häusern der
schottischen Westküste – wo knappe Bauma-
terialen sorgfältig wieder verwendet werden –,
durchforschte die Besitzerin »ihre« Insel
nach wiederverwertbaren Altmaterialien. »Das
Gartenhaus sollte vollkommen mit seiner Umgebung verschmelzen und so arbeitete ich

mich durch riesige Mengen von Bauholz, um genau das zu finden, was ich wollte. Schließlich stieß ich auf den alten Giebelschutz eines Steinhauses. Die alten Türen stammen aus Frankreich; sie waren in schlechtem Zustand und nicht verglast. Die wunderbaren alten Buntglasscheiben mit ihren hellen Blau-, Rosa-, Grün- und Gelbtönen ließ ich in die Tür- und Fensterecken einsetzen. Wenn die Sonne durch das Glas fällt, tanzen die Farben auf den Wänden.« Das Dach ist mit Schindeln aus Zedernholz gedeckt. Ihre ursprüngliche Farbe verblasste bald zu einem warmen Silbergrau, das mit dem Ton der verwitterten Holzwände verschmolz. »Wir überlegten, ob wir dem Haus einen Außenanstrich geben sollten, doch je mehr es Gestalt annahm, umso besser fügte es sich in die Landschaft ein, und heute sieht es aus, als hätte es schon immer hier gestanden.«

Das Gartenhaus erhielt seinen Platz inmitten einer üppigen Pflanzen- und Tierwelt. »Wir stehen gerne auf der scheinbar frei schwebenden Veranda, beugen uns über das Geländer und blicken auf den Teich. Es gibt einen tiefen Bereich, in dem Seerosen wachsen. Am Rand gedeihen andere Wasserpflanzen, deren Wachstum eingedämmt werden muss, damit wir noch beobachten können, wie sich die Eichen und Eiben im Wasser spiegeln. Wasserschneider, Gelbbrandkäfer, Kröten und Libellen haben unseren Teich rasch entdeckt und sich dort angesiedelt.«

weich

ausgebleicht

schlicht

einladend

aufgefrischt

vergangen

verträumt

zeitlos

Ein Refugium muss vor allem gemütlich sein. Ein altes, bequemes Sofa und die leicht verblassten, gemusterten Stoffe erwecken hier nicht nur den Eindruck, als seien sie schon ewig hier, sondern auch, als würde jeden Augenblick der Tee serviert.

Für den Innenanstrich wurde ein zartes, verwaschenes Türkisblau verwendet, das im Sonnenlicht changiert. Es verbindet das Innere des Hauses mit den Farben von Himmel und Meer, die den Horizont erfüllen. Es gibt Strom und Wasser sowie einen alten französischen Holzofen, der für Wärme sorgt. Öffnet man die beiden Flügeltüren, kann man den Sonnenaufgang beobachten.

»Wenn das Licht vom Meer aus hereinströmt, wird man früh wach. Hier werden wir Zeuge der wechselnden Stimmungen von Meer und Himmel, sind von den Geräuschen der See umgeben, vom Peitschen der Stürme ebenso wie vom Zwitschern der Vögel am Morgen. Wenn wir hier sind, nehmen wir vieles bewusster wahr, etwa die Farben der Jahreszeiten oder die Urwüchsigkeit eines so einfachen Ortes.«

MEDITERRANER
CHARME

Es ist äußerst wohltuend, wenn man einfach mal seinen Gedanken nachhängen kann. Doch in der Hektik des Alltags gelingt einem das leider nicht allzu oft.

Von dem Psychiater Anthony Storr stammen die Worte: »... die Fähigkeit, allein zu sein, ist notwendig, damit das Gehirn optimal arbeiten kann. Der Mensch entfremdet sich nur allzu oft von seinen Bedürfnissen und Gefühlen. Die Einsamkeit begünstigt nicht nur das Lernen, das Denken und die Erneuerung, sondern auch den Kontakt mit unserer eigenen Innenwelt.«

Die italienische Besitzerin dieses faszinierenden Häuschens in der Provence würde dem zweifellos zustimmen. Sie hat sich ein Refugium geschaffen, in dem sie völlig allein sein kann, wenn sie dem feuchtwarmen Mailänder Sommer entflieht. »Ich komme hierher, um auszuspannen. Ohne meinen Mann, meine 96-jährige Mutter, meine Tochter, ohne Hunde, Katzen und ohne Kunden! Ich muss und möchte von Zeit zu Zeit einfach mal alleine sein.«

Häufig nutzt sie die Terrasse, um dort zu lesen, zu zeichnen und zu malen. Nur manchmal besucht sie den Markt des traditionsreichen Bergstädtchens oder hält vor der Tür ein Schwätzchen mit den Nachbarn. Und ganz selten

Die Wände strich die Besitzerin selbst. »Bei der Dekoration ließ ich mich vor allem von den Artefakten inspirieren – ihren ausgeblichenen Farben und ihrer Geschichte –, wie etwa von den antiken Keramikfliesen aus Portugal, die ich im Bereich der Treppe und in der Küche als Versatzstücke eingesetzt habe, und dem türkischen Teppich, der die Farben des Wohnzimmers vorgab.«

trifft sie sich mit Freunden. »Ich bin glücklich, tagelang allein sein zu können und einfach nichts tun zu dürfen. Das ist für mich die wunderbarste Entspannung.«

Mit einer Grundfläche von etwa 7 mal 2,5 Metern ist das Haus, das auf skurrile Weise zwischen die alten Stadtmauern gezwängt wurde, ungewöhnlich lang und schmal. Die Besitzerin ließ sich von den schiffsähnlichen Proportionen inspirieren und gestaltete das kleine Haus so, als könne sie damit jederzeit in See stechen. Die Ausstattung wird von Kleinodien dominiert, die aus dem gesamten Mittelmeerraum zusammengetragen wurden.

Die meisten Gegenstände sind alt und haben eine eigene Geschichte und Patina, was gut zu dem jahrhundertealten Haus passt, angefangen bei einem Teppich aus der Türkei, den Lampen aus Marokko, einer arabischen Arabeske über dem Bett und dem alten Drillichgewebe aus Frankreich. Stoffe und Möbel aus Indien sorgen zudem für einen fernöstlichen Touch.

Die leuchtenden Kreidetöne wie Kobaltblau und Türkis, die von der Besitzerin für den Anstrich der Räume gewählt wurden, passen gut zum sonnigen Mittelmeerklima. Durch die Beschränkung der Farben auf die halbe Wandhöhe und die Kombination mit Weiß wurde verhindert, dass sie zu stark dominieren und den kleinen Raum optisch noch weiter reduzieren.

Im Wohnraum befinden sich zwei bunte, mit Polstern und Kissen dekorierte Matratzen im griechischen Stil, die als Sofa und als Schlafgelegenheit für gelegentliche Besucher dienen, sowie eine Kochnische. Die Schlafstatt der Besitzerin im Obergeschoss wirkt wie eine Schiffskoje und ist ihr ganz persönliches Reich. Nachts fällt der schwache Lichtschein des nahen Leuchtturms durch die offenen Terrassentüren in den Schlafraum. Die Illusion, auf einem Schiff zu sein, wird allein dadurch gestört, dass das Haus ungefähr 400 Meter hoch über der Côte d'Azur thront.

Die Besitzerin nutzt ihr Refugium nur etwa zwei Monate im Sommer, wenn die Sonne schein und eine kühle Brise von den Bergen angenehm durch die Räume des kleinen Hauses weht. Sie hängt an dem Kleinod, sieht aber auch die Nachteile, die man in Kauf nehmen müsste, wollte man ständig hier leben: »Mir gefällt dieses ländliche Leben – jedoch nicht das ganze Jahr über. Im Winter ist es zu kalt und zu stürmisch und keines der Häuser hier ist mit einer Heizung ausgestattet.« Gestärkt durch die erholsame Zeit in dieser Einsamkeit kehrt sie deshalb immer wieder gern in die Stadt zurück.

»Wie angenehm und wohltuend ist doch die Einsamkeit.« William Wordsworth

Da Kochen nicht zu den Leidenschaften der Besitzerin gehört, reicht ihr eine kleine Kochgelegenheit im Wohnraum zur Zubereitung einfacher Mahlzeiten. So wurde im Stockwerk darüber Platz geschaffen für den im Stil einer Schiffskoje gestalteten Schlafraum und das Bad mit Aussicht auf die Terrasse. Die alte französische Zinkwanne wurde verkürzt, damit sie Platz fand. »Es ist die bequemste Badewanne, die ich mir denken kann, man fühlt sich darin wie in einem Lehnstuhl!«

ROMANTISCHE
WASSERMÜHLE

Während unsere Vorfahren das einfache Landleben wohl nur allzu gern hinter sich gelassen hätten, erscheint uns die Rückkehr zu einem weiniger komfortablen (aber spirituell reicheren) Leben als Luxus.

Es ist schon paradox, dass selbst teure Urlaubsziele mit der Verheißung angepriesen werden, fernab der Zivilisation zu liegen. »Keine Autos, kein Fernsehen, kein Telefon!«, wird nicht selten versprochen. Luxuriöse Holzpavillons gehören heute zum Angebot vieler Reiseveranstalter, die mit einem einfachen Schuppen freilich wenig zu tun haben.

Das umgekehrt proportionale Verhältnis zwischen dem geringen Komfort eines Orts und der Freude, die man dort empfinden kann, ist bei dieser französischen Wassermühle besonders ausgeprägt. Für den Modedesigner, dem sie gehört, und seine Freunde ist dieses entlegene und völlig »ländliche« Refugium der »Himmel auf Erden«.

Er entdeckte die Mühle und die benachbarte Scheune, die sich bereits »im fortge-schrittenen Stadium des Verfalls befanden«, ganz zufällig. Das in Südwestfrankreich gelegene Anwesen ist – physisch und mental – so weit von seinem Wohn- und Arbeitsort Paris entfernt wie nur irgend möglich, ohne französischen Boden verlassen zu müssen. Von den in einer einsamen Lichtung angesiedelten Gebäuden muss man zehn Kilometer zurücklegen, um das nächste Dorf und damit die Zivilisation zu erreichen.

Der blaue Farbton des Innen- und Außenanstrichs entsteht durch die Anwendung der traditionellen Bleu-Charette-Holzbehandlung. Es handelt sich dabei um ein pastenartiges Abfallprodukt bei der Herstellung von Waid – einer Pflanze, die früher häufig zur Farbgewinnung verwendet wurde. Dies erzeugt nicht nur einen schönen Farbton, sondern ist außerdem ein natürlicher Insektenschutz.

»Der Ort ist sehr abgelegen und es kostet große Mühe, ihn zu erreichen. Die Abgeschiedenheit ist jedoch erwünscht. Ich mag die Einsamkeit und die Ruhe – da ich den größten Teil des Jahres in der Stadt verbringe, schätze ich das ganz besonders!«

Seit die Mühle im frühen 19. Jahrhundert errichtet wurde, hat sich hier wenig geändert. Auch heute noch ist die Mühle einfach möbliert. »Ich genieße die Tatsache, dass die Gebäude ursprünglich eine praktische Funktion hatten. Da sie nicht als Wohnraum gedacht waren, habe ich sehr viel Freiheit, hier so zu leben, wie ich möchte. Ich habe gerne viel Raum um mich, sodass bei der Planung auf Großzügigkeit Wert gelegt wurde. Von jedem Zimmer aus sollte man einen weiten Blick haben. Ich habe die Gebäude absichtlich nicht ›geschmückt‹, sondern nur mit rustikalem Mobiliar und großen Möbeln ausgestattet, die mich durch ihre Schlichtheit faszinieren.«

Auch wenn die Mühle schon seit über 25 Jahren nicht mehr in Betrieb ist, fließt der Mühlbach nach wie vor elf Monate im Jahr an der Mühle vorbei. Er erzeugt »eine friedliche Stimmung« und wirkt als eine Art meteorologisches Barometer. »Der Bach verändert sich mit den Jahreszeiten, ist jedoch immer sehr präsent. Im Hochsommer trocknet er so weit aus, dass nicht viel mehr als ein Rinnsal übrig bleibt. Hier kann sich das Wetter jedoch rasch ändern; dann füllt sich das Bett mit Regenwasser aus den Bergen, der Bach tritt über die Ufer und im Nu ist der Garten überschwemmt.«

kobaltblau

abgelegen

ländlich

gesellig

einfach

lässig

zurückhaltend

Gerade wegen der fehlenden Nachbarschaft und der großen Entfernung zur Zivilisation ist die Geselligkeit ein wichtiger Aspekt in diesem Refugium. »Ich habe sehr viel Besuch. Oft verbringen hier sechs oder mehr Personen ihre Ferien. Jeder kann tun und lassen, was er will – Musik machen, lesen, sich unterhalten oder ausgedehnte Mahlzeiten genießen. Überall laden Bücher und große Lehnsessel zum Lesen ein.«

Die von einer dichten Vegetation aus Eichen und Judasbäumen, Wein, Farn, Rosen, Klematis, Hortensien und Lilien umgebenen Gebäude scheinen im üppigen Pflanzenwuchs zu versinken. »Das Haus steht inmitten eines Gartens – das ist wohl zutreffender, als zu sagen, es wäre von einem Garten umgeben«, meint der Besitzer, der die Scheune ein »auf Gras liegendes Boot« nennt. Im Gemüsegarten gedeihen Zucchini, Paprika, Tomaten und Küchenkräuter. Der Gastgeber steht mit Vorliebe

Naturmaterialien haben eine Affinität zueinander und harmonieren meist sehr gut. Der grob behauene Stein des Mauerwerks und das Holz der Türen und Fensterläden sowie die Tongefäße, Korbmöbel und der Anstrich aus natürlichem Pigment bilden hier ein perfektes Miteinander – und sorgen für den zeitlosen Charme dieses Refugiums.

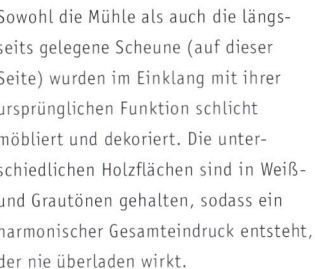

Sowohl die Mühle als auch die längsseits gelegene Scheune (auf dieser Seite) wurden im Einklang mit ihrer ursprünglichen Funktion schlicht möbliert und dekoriert. Die unterschiedlichen Holzflächen sind in Weiß- und Grautönen gehalten, sodass ein harmonischer Gesamteindruck entsteht, der nie überladen wirkt.

»bei geöffneten Fenstern« in der Küche, um sich mit den Freunden draußen zu unterhalten, während er ein Mahl zaubert.

Der Alltag in der hektischen Modebranche nährte den Wunsch des Besitzers nach »einem Ort, an dem man nach einem Rhythmus leben kann, der nicht vom Terminkalender bestimmt wird.« Die drei Monate, die er alljährlich hier verbringt, geben ihm die Möglichkeit, nichts weiter zu tun, als »zu schauen, zu leben, Gemüse aus dem eigenen Garten zuzubereiten, die Ruhe zu genießen und den Geräuschen des Wassers und der Vögel, der Bäume und der Natur zu lauschen«.

WEISSES
STRANDHAUS

Nach den Worten des Dichters Carl Sandberg braucht man zum Leben nichts als »Licht, Luft, Liebe, ein wenig zu essen und etwas zu tun«. All das bietet das an der englischen Südküste gelegene Strandhaus seinen Besitzern.

In den 30er-Jahren ließen zwei Ladies das Ferienhaus am Meer errichten. 50 Jahre später vermieteten sie es an einen Künstler und eine Lehrerin, die es den Damen, die inzwischen weit in den Achtzigern sind, schließlich vor einigen Jahren abkauften.

»Durch dieses zweite Zuhause ist ein Traum von uns wahr geworden. Wir finden hier den Frieden, die Ruhe und die Einfachheit, die wir aus den Ferien unserer Kindheit kannten. Schon nach einem Tag fahre ich so erholt zurück, als hätte ich Urlaub gehabt. Hier haben wir die Möglichkeit, unbelastet von der Hektik des Alltags, Zeit miteinander zu verbringen und unsere Batterien wieder aufzuladen. Keine Straße ist in der Nähe und wegen des häufig schlechten Empfangs aufgrund der Witterungsbedingungen ist oft nicht einmal das Mobiltelefon benutzbar. Die Stille wird nur durch das Rauschen der Wellen und das Kreischen der Möwen unterbrochen.«

Das Haus steht direkt am Küstenweg auf einem großen Grundstück, von dem man in einem Radius von 180 Grad freie Sicht auf die See hat. Der Strand ist Teil einer 40 Kilometer langen Kiesbank an der Südküste Englands. Das Haus ruht auf niedrigen Ziegelpodesten, und die

Da das Haus nah am Meer liegt, muss die Fassade (rechte Seite) zum Schutz gegen Wind und Salz regelmäßig gestrichen und in Stand gehalten werden. Die Kiesel sind zeitlos schöne Kunstwerke, die das Meer geschaffen hat. Auf den weiß gestrichenen Holzsimsen kommen sie besonders gut zur Geltung.

stürmischen Winde, die bisweilen über die Küste fegen, scheinen darunter zu verschwinden. »Im Winter und noch im Frühjahr nimmt das Wetter häufig sehr dramatische Formen an – mit hohen Wellen und heftigen Stürmen. Im Gegensatz dazu erfreut sich diese Gegend im Sommer eines fast subtropischen Mikroklimas.«

»Im Sommer lebt hier eine Kolonie kleiner Seeschwalben und im letzten Jahr hat der Wind blassgelbe Schmetterlinge von Frankreich herübergetragen. In den Feldern können wir Rehe und Hirsche beobachten und in der Dämmerung kommt regelmäßig ein Fuchs vorbei. Am Kiesstrand wachsen Wildblumen, darunter Gelber Hornmohn, See- oder Strandkohl, Grasnelken, verschiedene Laucharten und Gemeiner Natternkopf. Das Aufregendste, was wir jedoch bisher gesehen haben, war ein Delfin.«

Trotz seiner geringen Größe und der Schlichtheit des Holzhauses fehlt es hier an nichts. Der Küchenschrank aus den 30er-Jahren (unten) wurde übernommen. Er bewahrt etwas von der ursprünglichen Atmosphäre und bietet jede Menge Stauraum. Das praktische Brett dient als Schneide- oder Abstellfläche und kann nach Bedarf weggeklappt werden.

lichtdurchflutet

sonnig

frisch

strahlend weiß

praktisch

kompakt

ultramarinblau

nostalgisch

leuchtend rot

Rote Farbakzente lassen die Räume an kalten Wintertagen wärmer und freundlicher erscheinen, »wenn Meer und Himmel eine schiefergraue Färbung aufweisen«, und Blautöne, die an die sommerlichen Farben von Himmel und Meer erinnern, verhindern, dass die ganz in Weiß gehaltenen Räume langweilig wirken.

Das Meer ist allgegenwärtig. »Ich habe stets die Nähe der See gesucht. Sie hält mich gesund und wirkt inspirierend. Das Licht ist völlig anders als im Landesinneren und der Sonnenuntergang ist einfach spektakulär. Morgens und abends unternehmen wir stets einen Spaziergang; oft halten wir inne und staunen, welche Kraft das Wasser besitzt. Das Meer ist hier gefährlich tief und das Wetter kann sich rasch ändern. Bei Windstille ist die See jedoch ruhig und wird zu einer leuchtend türkisen Fläche, dann kann man unbesorgt schwimmen gehen.«

Das Haus ist nach Süden ausgerichtet, sodass es von morgens bis abends Sonne hat. Selbst während der Wintermonate strömt Licht herein. Um den kleinen Räumen zu-

sätzlich mehr Großzügigkeit zu verleihen, ist das ganze Haus in Weiß gehalten – der weiße Anstrich lässt die Wände und Decken zurückweichen. Die verstellbaren Jalousien schützen gut gegen die manchmal starke Sonneneinstrahlung. Der Stil der 30er-Jahre wurde im ganzen Haus weitgehend beibehalten. Auch das nostalgische Mobiliar, das speziell für das Haus entworfen wurde, ist erhalten geblieben. Bücherregale und vom Besitzer selbst geschaffene Kunstgegenstände sorgen für die persönliche Note. Mit Kieselsteinen, Treibholz und Muscheln wurden dekorative Akzente gesetzt.

Ist dies das perfekte Refugium? »Manchmal denken wir, dass es auch nicht schlecht wäre, wenn das Haus in einer wärmeren Gegend stünde, aber dann wäre es nicht nur eine Stunde von unserem Wohnort entfernt. Und gerade die unterschiedlichen Witterungsbedingungen und die Freude am Unerwarteten gefallen uns ganz besonders. Wir sind wirklich völlig vernarrt in unser kleines Idyll!«

Die Besitzer verbringen manchmal drei Monate am Stück im Strandhaus: »Wir versuchen den größten Teil des Sommers und jedes Wochenende hier zu sein – selbst im Winter, wenn wir Wind und Wetter trotzen müssen.« Zu den Annehmlichkeiten zählen ein alter Boiler, eine Sitzbadewanne, bei der es »ewig dauert, bis sie voll ist«, und einige Radiatoren. »Decken und dicke Federbetten halten uns im Winter warm.«

Luft

Das Element
Luft

Luft ist wohl das geheimnisvollste der vier Elemente. Sie ist lebensnotwendig, wir sind ständig von ihr umgeben, doch sie ist unsichtbar. Mit unseren anderen Sinnen aber erfahren wir sie. Durch den Geruchssinn sind wir in der Lage, die Aromen der Luft wahrzunehmen, was sogar Erinnerungen und Emotionen auslösen kann. Wir riechen den Duft warmer Sommertage ebenso wie das metallische »Parfüm« des nahenden Regens. In enger Verbindung dazu steht der Geschmackssinn, da wir vieles ohne Mitwirkung unserer Nase gar nicht schmecken könnten. So erkennen wir bereits am salzigen Geschmack in der Luft, dass wir uns dem Meer nähern.

Man kann Luft auch hören: durch das Wispern des Windes, der durch das Laub der Bäume streicht, oder die Gewalt des Sturms, der die Fenster in ihren Rahmen klappern lässt. Ein Refugium wird stets mit »Frieden und Ruhe« assoziiert, aber nie mit vollkommener Stille. Gleichgültig, wie weit man von verkehrsreichen Straßen entfernt ist, die Geräusche der Natur sind allgegenwärtig – das Summen und Brummen der Insekten, das Rauschen der Wellen und das Pfeifen des Windes. Im Gegensatz zu den von Menschen gemachten Geräuschen, die Stress erzeugen, werden sie als angenehm, entspannend und beruhigend empfunden.

»Geh raus an die frische Luft!« Wer hat diesen Satz als Kind nicht gehört? Die Begegnung mit dem Element Luft findet im Freien statt. Nur hier kommt man mit frischer Luft in Berührung, die belebend wirkt wie eine kalte Dusche an einem heißen Tag. Essen, Baden, Duschen, Schlafen – all dies bekommt unter freiem Himmel eine zusätzliche Dimension. In einem der folgenden Refugien befindet sich die Dusche im Freien auf einer Terrasse, die wie ein »Sprungbrett« in die Wildnis ragt. Ein anderes Mal wurde ein Teich angelegt, in dem es sich herrlich schwimmen lässt, während man den Panoramablick genießen kann.

grenzenlos
flüchtig
transparent
samten und seidig
verspielt
rauschend
zärtlich
erfrischend
bewegend

Hoch oben
in der Luft

Luft an sich ist transparent. Doch man muss den Blick nur zum Himmel richten, um ihre grenzenlose Farbigkeit zu erkennen.

Die Luftmoleküle streuen blaues Licht am stärksten, weshalb uns der Himmel meist blau erscheint. Der Blauton kann jedoch variieren: Auf See streuen Wassermoleküle in der Luft weißes Licht und der Himmel wirkt blassblau; die trockene Luft über der Wüste ist rein, was sich im tiefblauen Himmel äußert. Wegen der Luftverschmutzung liegen Städte meist unter einer Dunstglocke, die den Blauton des Himmels verblassen lässt.

Der Regenbogen ist in der griechischen Mythologie der Weg, den die Götterbotin Iris zwischen Himmel und Erde beschritt. Für die nordamerikanischen Schoschonen handelt es sich dabei um eine Schlange, die sich an eine Eisscholle lehnt, die den Himmel umschließt. Auf der Suche nach göttlichen Eingebungen schaute der Mensch schon immer zum Himmel auf. Und ebenso wie die Pflanzen dem Sonnenlicht entgegen, Richtung Himmel wachsen, so zieht es auch den Menschen auf der Suche nach sauberer Luft hoch hinauf. Schon lang ist bekannt, wie erholsam ein Aufenthalt in den Bergen ist. Wer mal in einem Baumhaus saß, kennt vielleicht das Gefühl dort oben, zwischen den Wipfeln, über den Dingen zu stehen. Wenn die Luft durch das frische grüne Laub strömt, kann man sie beinahe anfassen, sie hat kein Gewicht und ist immer in Bewegung – die Luft wirbelt, tanzt, streichelt die Haut und wirkt belebend. Die Farben der Luft sind die frischen Blautöne des klaren Himmels, aber auch das Grün des Laubs, sie ist als Brise auf der Haut spürbar und manifestiert sich in der Kühle eines frostigen Morgens. Für den Besitzer eines Refugiums in Schottland ist sie »scharf und frisch«.

pistaziengrün
Chlorophyll
leuchtend blau
Sonnenschein
smaragden
junges Laub

Baumwipfel
transparent
Blattgrün

Arrangements, von der
Luft inspiriert

Frische Luft tut gut: Sie belebt den Geist und erfrischt die Sinne. Sie vertreibt trübe Gedanken wie Spinnweben.

Auch Häusern bekommt frische Luft und am angenehmsten ist eine natürliche Belüftung. Jedes Haus sollte möglichst so konstruiert werden, dass die Frischluft durch alle Zimmer zirkulieren kann, denn das sorgt für Frische und Lebendigkeit und – in der wärmeren Jahreszeit – für wunderbar kühle Räume. Dabei ist zu berücksichtigen, aus welcher Richtung der Wind am jeweiligen Standort überwiegend weht. Danach sollte sich idealerweise die Anordnung von Türen und Fenstern richten. Perlenvorhänge in den Türöffnungen lassen die Luft hindurchströmen und sorgen dennoch für Intimität; feine Fliegengitter erfüllen denselben Zweck und halten zudem Insekten und andere lästige Plagegeister fern.

Flügelfenster, die bis zum Boden reichen, breite Stalltüren oder Panoramafenster schaffen eine optische Verbindung zwischen drinnen und draußen. Man sollte sowieso jede Gelegenheit wahrnehmen, um draußen zu essen, denn eine Mahlzeit unter freiem Himmel gehört zu den schönsten Annehmlichkeiten des Lebens. Oder lassen Sie die Wäscheleine zu neuen Ehren kommen. Wäsche, die im Freien trocknet, duftet unvergleichlich gut. Wenn man etwa Bettwäsche im Freien trocknen lässt (früher breitete man die Wäsche beispielsweise über duftenden Lavendelbüschen aus), riecht sie gleich viel angenehmer und natürlich frisch.

In Innenräumen sollte man auf schwere, dunkle Möbel verzichten. Helle Farben und klare Linien sorgen für Großzügigkeit. Als Gardinen eignen sich leichte, luftige Stoffe wie Musselin oder Voile (die zudem pflegeleicht sind) oder unauffällige Rollos, um ein frisches, natürliches Ambiente zu schaffen, in dem Licht und Raum zu einem harmonischen Ganzen verschmelzen.

Mit raumvergrößernden Farben wie Weiß und hellen Blau- und Grüntönen verleihen Sie Böden und Wänden Luftigkeit. Ein glänzender Firnis lässt Räume zudem größer wirken, da das Licht stärker reflektiert wird. Ein weiterer praktischer Schritt ist die größtmögliche Beschränkung bei der Möblierung und Dekoration. Nach diesen Regeln kann selbst das winzigste Refugium weitläufig erscheinen.

LUFTIGES
BAUMHAUS

Der Besitzer dieses Refugiums ist Psychotherapeut – ein interessanter Umstand, regt doch der Kindertraum nach einer Rückzugsmöglichkeit auf den Wipfel eines Baums zu Spekulationen hinsichtlich der menschlichen Psyche an. Was veranlasst den modernen Menschen dazu, auf Bäumen Zuflucht zu suchen? Hat es vielleicht mit unseren genetischen Wurzeln zu tun?

Die Antwort des Besitzers ist differenzierter: »Dort oben zu sein vermittelt nicht nur das Gefühl entfliehen, sondern auch, sich über alle Dinge erheben zu können. Natürlich gibt es auch Bezüge zur Kindheit, als man auf Bäume kletterte, dort schaukelte oder sich einen Unterschlupf gebaut hat, vielleicht aber auch eine Verbindung zu den Vögeln und zum Fliegen. Man sieht dort im wahrsten Sinne des Wortes das Leben aus einer ganz anderen Perspektive.«

Das »ruhige Plätzchen, an dem man die Natur und eine herrliche Aussicht genießen, aber auch Gäste unterbringen kann«, liegt zwischen zwei imposanten Fichten, hoch über einem Tal, nah genug am Ferienhaus des Besitzers, sodass die Stromversorgung gewährleistet ist. Wer im Baumhaus ist, hat sofort das Gefühl, »ganz weit weg von allem« zu sein. Im nahen Ferienhaus kann man kochen und waschen. Ein elektrischer Wasserkocher und eine Kaffeemaschine gehören jedoch zum Inventar des Baumhauses. Der Besitzer verbringt einen großen Teil seiner Freizeit in seinem Refugium in den Wipfeln, um dort zu schreiben. Da ein elektrischer Radiator für Wärme sorgt, ist es außerdem das ganze Jahr über zu nutzen.

»Im Sommer kann man die Verandatüren weit öffnen und auf der nach Süden weisenden Plattform die Sonne genießen oder lesen.« Das Haus ist so ausgerichtet, dass die Veranda voll in der Sonne liegt, während das restliche Haus durch die Äste Schatten erhält. »Von hier oben aus auf die Wiesen, den Fluss und den Wald zu schauen hat eine beruhigende Wirkung – besonders dann, wenn sich das Baumhaus sanft im Wind wiegt. Und man erlebt die Welt aus einer neuen Perspektive, wenn man sich auf derselben Höhe wie die Vögel befindet.«

Der tragende Rahmen des Baumhauses besteht aus Eichenholz und ist mit umweltverträglichen, rostfreien Stahlbolzen am Baum befestigt. Querträger gleiten über Metallplatten, damit sich das Haus mit dem Baum bewegen kann. Aus demselben Grund wurden die Fenster mit flexiblen Kunststoffdichtungen in die Rahmen eingelassen. Übrigens wurde es bisher nur einmal kritisch, als das Baumhaus bei starkem Wind so heftig hin und her schwankte »wie ein in Turbulenzen geratenes Flugzeug«.

Einfache Materialien – Kiefernholz, Furnier und Sperrholz – und die fast schon spartanische Einrichtung wirken beinahe klösterlich – denn hier ist die Aussicht die Dekoration. Die Fenster mit den durch Metallleisten angedeuteten gotischen Spitzbögen verstärken diese Wirkung noch.

Die Innenausstattung des Baumhauses ist einfach, wobei der von Efeu üppig umrankte Stamm dominiert, der die gesamte Struktur durchdringt. Weiße Wände sorgen für großzügige Helligkeit und kontrastieren mit dem üppigen Grün der Umgebung.

Es ist wohltuend, die natürlichen Zyklen, etwa den Wechsel der Tages- und Jahreszeiten, beobachten zu können. Das Baumhaus bietet Gelegenheit dazu: »Im Sommer ist das Tal dicht mit Laub bewachsen, sodass es nah und üppig erscheint; wenn sich die Blätter an den Zweigen im Winde wiegen, gleicht es einem grünen ›Meer‹. Im Herbst verhüllen Nebel den Talgrund und der Wald zeigt sich in spektakulären Rost-, Braun-, Gold- und Rottönen. Im Winter kann der Blick frei schweifen und man erkennt den Fluss, der das Tal in gewundenem Lauf durchzieht, während der Frühling mit den Blüten des Weißdorns und gelben Schlüsselblumen seine Pracht entfaltet.«

luftige Höhe

frisches Grün

versteckt

romantisch

gut getarnt

hoch oben

Panoramablick

ZURÜCK ZUR
EINFACHHEIT

»Hier ist man, um den Ort selbst zu erleben, und nicht, um materiellen Komfort zu genießen; man lässt sich von der Natur einfangen«, so der Architekt und Besitzer dieser Hütte an einem bewaldeten Berghang in Vermont. Trotz der intelligenten Architektur (und den Möbelklassikern aus den 50er-Jahren) besticht dieses Refugium weniger durch sein Design als durch die Beschränkung auf das Wesentliche. Es gibt weder Strom noch einen Wasseranschluss oder eine Waschgelegenheit – das Wasser muss Eimer für Eimer aus einer Quelle herbeigeschafft werden. Für den Besitzer, der, wann immer er sich hier aufhält,

Obwohl dieses Waldhaus von einem erfolgreichen Designer entworfen wurde, ist es dennoch eine schlichte, schnörkellose Unterkunft. Der Besitzer nennt sein Refugium ja auch »nur eine Zuflucht in der Landschaft«, während seine Frau es als eine Art »besseres Camping« betrachtet. Das Paar ist jedenfalls sorgfältig darauf bedacht, diesen Charakter zu bewahren. Dabei wäre es verlockend, dieses verwunschene Waldhaus mit all dem Komfort der New-Yorker Stadtwohnung auszustatten. Doch indem sie jeglichen Luxus vermeiden – nicht einmal eine Toilette gibt es im Haus–, sind sie hier gezwungen, »primitiv« zu leben. Indem man einmal bewusst auf die Bequemlichkeiten der modernen Zivilisation verzichtet, hat man die Chance, sich wieder auf das Wesentliche zu besinnen.

»ganz schön schuften muss, um Bäume zu fällen und Feuerholz zu hacken«, empfindet diesen Ort als erholsamen Kontrast zu seinem Leben in einem New-Yorker Loft.

Das 40 Hektar große Grundstück in Vermont konnte nur mit der Auflage erworben werden, die Landschaft zu pflegen. So begann der Besitzer damit, den Ort sanft zu »besiedeln«, indem er zunächst nur einen Teich und eine Wiese anlegte. Ursprünglich gab es nur einen mit Holz beheizten Waschzuber, bevor der Architekt an vielen Wochenenden seinen »Schuppen« errichtete. »Es ist einfach ein Zufluchtsort in der Natur. Mir gibt es einen Kick, wenn ich in dieser Landschaft arbeite, Ausblicke eröffne, die Umgebung luftiger gestalte. So könnte es im 19. Jahrhundert ausgesehen haben, als hier eine Farm war, auf der es mehr Wiesen und Weiden gab als Bäume. Als wir das Grundstück kauften, war genau das Gegenteil der Fall.«

Das 20 Meter lange und nur 3 Meter breite Haus mit dem spitz zulaufenden Wellblechdach ist an die historische Architektur dieser Gegend angelehnt, etwa die überdachten

Das recht schmale Haus wurde an einem Südhang errichtet, sodass es von der Morgen- und Abendsonne profitiert. Auffällig sind das große Panoramafenster und die Transparenz der Außenwände, die durch die geniale Kombination von Fiberglas und Holzlatten entstand. Wenn das Sonnenlicht einfällt, hat man den Eindruck, als säße man geschützt in einer großen, luftigen Kiste und betrachte aus ihrem Innern die Außenwelt.

Brücken oder Trockenscheunen der Tabakbauern. Ein nach Süden offener Korridor teilt das Gebäude und sorgt dafür, dass selbst in heißen Sommern ein kühles Lüftchen durch die Räume weht. Die Außenwände wirken luftdurchlässig und transparent. Hinter der Lattenkonstruktion schützt jedoch Fiberglas vor dem Eindringen der Elemente sowie Ungeziefer. Gleichzeitig kann das Licht von außen ins Innere, aber auch von innen nach außen strömen – was nachts für eine wunderschöne Atmosphäre sorgt.

Das Haus liegt 425 Meter hoch über dem Tal, ruht auf Betonpfeilern und bietet einen herrlichen Panoramablick. »Wir haben hier die beste Aussicht und oft schönes Wetter. Wobei es meines Erachtens kein schlechtes Wetter gibt. Dem Regen zu lauschen oder im Winter durch den Schnee zu stapfen, um hierher zu gelangen und dann in der Hütte ein Holzfeuer zu entfachen – das gehört zu den Annehmlichkeiten dieses Orts. Durch die körperliche Arbeit, das Wasserholen und Holzhacken bekomme ich wieder Bezug zum Wesentlichen. Was ich hier erlebe, ist eine Art Meditation durch Arbeit.« Die unmit-

»Dein Geist ist wie ein Tipi. Lass den Eingang geöffnet, damit Luft hineinkommen kann und den Rauch der Verwirrung vertreibt.« Sprichwort der Sioux

telbare Nähe zur Natur und den Elementen macht viel Freude: Im Sommer kann man im Teich schwimmen und im Winter darauf Eis laufen; oft lassen sich Rehe und Hirsche, Bären, Wildenten und Truthähne beobachten – und manchmal sogar Elche; selbst Einkaufen ist hier ein Erlebnis: Beeren, Brot, Blumen und Käse bekommt man beim Biobauern, den man nach einem langen Fußmarsch über Feldwege erreicht.

Das Bedürfnis nach einem Refugium als Ausgleich – nicht als Ersatz – zum Leben in der Stadt ist nicht ungewöhnlich. Auf die Frage, ob er sich vorstellen könnte, das ganze Jahr hier zu leben, antwortete der Besitzer dieses Orts: »Ja und nein«, und präzisierte: »Das, was ich auf dem Land tue, tue ich sehr gerne; ich genieße es jedoch noch mehr, wenn es im Gegensatz zu meinem Stadtleben steht. Ich mag die Hektik von New York City und liebe die absolute Ruhe von Vermont.«

Die Leiter (oben) – in echter Siedlermanier – führt zum Schlafraum unter dem Dach. Die Anordnung der Fenster ist wohl durchdacht. Sie sorgt für einen optimalen Lichteinfall, eine perfekte Aussicht und dafür, dass immer ein kühlendes Lüftchen weht. Das Giebelfenster etwa – dem ein zweites gegenüberliegt – gewährleistet eine effektive Durchlüftung.

Wir haben uns bereits so sehr an das Leben im »Dschungel der Großstadt« gewöhnt, dass die Abgeschiedenheit wie ein – wenn auch befreiender – Schock wirken kann. Hier gehen die unregelmäßige Energieversorgung und die Möglichkeit, einem Bären zu begegnen, Hand in Hand mit dem Luxus echter Ungestörtheit und dem Reiz grenzenloser Freiheit: An diesem Ort kann man wirklich tun, was man will.

LEBEN IN DEN
BERGEN

Dieses Refugium liegt in den Catskill Mountains auf 1000 Meter Höhe. Bei guter Wetterlage kann man von dort aus sehen, wie die Wolken durch das Tal ziehen.

»An diesem Ort kann man direkt das Wetter erleben«, schwärmt die stolze Besitzerin. »Die gesamte Südfront des Hauses ist verglast, und wenn wir über das ganze Tal – es verläuft von Ost nach West, sodass wir den ganzen Tag über Sonne haben – zu den Bergen auf der anderen Seite blicken, haben wir eine ständig wechselnde Kulisse aus Wolken und Licht vor Augen, an der man sich kaum satt sehen kann.«

Das Paar, das aus Großbritannien stammt und heute in New York lebt, verbrachte seine Wochenenden regelmäßig in dieser Gegend. Eines Tages kamen sie einen Waldweg lang, der nach 600 Metern vor dem Betonfundament eines halbfertigen Chalets endete. »Die Bauruine stand auf einem natürlichen Plateau,

und als wir über den Hügel kamen, bot sich uns ein atemberaubender Anblick. Wir fühlten uns wie nach Südfrankreich versetzt, mit dieser Aussicht und dem Duft von wildem Thymian, der, so weit das Auge reichte, einen purpurnen Teppich bildete.«

Auf dem vorhandenen Fundament ließen sie von einem Architekten ein Haus aus Holz und Metall bauen. »Was uns beim Bebauen des Grundstücks beruhigte, war, dass wir nicht in unberührte Natur eindrangen; das war bereits vorher geschehen und wir waren froh darüber, dass der Entwurf des Architekten auch die moderne Ruine in den Neubau einbezog. Der schwarze Anstrich unterstreicht die strenge Grafik des Gebäudes, die konstant bleibt, während sich die Umgebung ständig verändert –

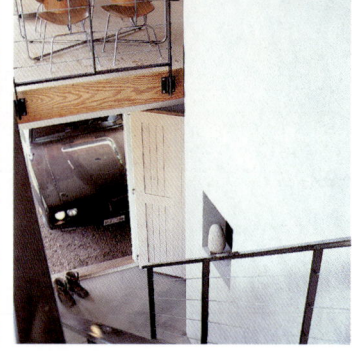

Durch das Haus ragt ein langer Steg. An der rückwärtigen Front (links oben und unten) führt er zum Obstgarten und zur Wiese, an der Vorderfront des Hauses (rechts oben) wirkt er wie ein Sprungbrett in die wilde Natur der Umgebung – die Außendusche unterstreicht diese Assoziation. Die Besitzer haben sich bewusst für funktionelles Mobiliar entschieden – »wenn draußen so viel los ist, braucht man keine Innendekoration«. Aus demselben Grund wurden durchweg praktische Materialien wie Sperrholzböden verwendet. Folglich war der Bau des Refugiums relativ kostengünstig, und dennoch »sind die Materialien solide und halten viel aus«.

Privatsphäre

Openair

Freiheit

Wildnis

Einsamkeit

Befreiung

Leben

Himmel

Wetter

Neutrale Farben sorgen für eine schlichte Atmosphäre im Innern des Hauses, um nicht mit dem abwechslungsreichen Panorama, das die Fensterfront gewährt, zu konkurrieren. Der Kamin wird im Winter oft genutzt, wenn der Strom mal wieder ausgefallen und der Brunnen zugefroren ist.

vom üppigen Grün über die schwefelfarbenen Töne des Herbsts bis hin zum völligen Ineinanderfließen von Himmel und Erde im Winter.

Das an der Rückseite abfallende Gebäude fügt sich harmonisch in die Landschaft. Durch die höhere, verglaste Vorderfront öffnet es sich dem atemberaubenden Panorama. Dennoch halten sich das Paar und seine beiden Kinder hier oft im Freien auf. »Wir genießen diese Abgeschiedenheit. In Sichtweite gibt es keine Nachbarn und selbst in der Nacht kann man nirgends die Lichter eines anderen Anwesens erkennen. Wir baden, kochen, essen, duschen und schlafen meist draußen. Hier ist alles anders als in unserem New-Yorker Loft – das Draußen wird zum Drinnen. Und im Winter, wenn es sehr kalt ist, nehmen wir einfach ein heißes Bad, um so schnell wie möglich wieder an die frische Luft zu können. Es ist schon seltsam, wie einen die Ungestörtheit beeinflusst – und am Ende wird man völlig unbekümmert und verliert jede Hemmung!«

Viele lassen sich von häufig überflüssigen Alltagsproblemen niederdrücken, dabei bräuchte man nur in die Natur hinauszugehen, um wieder klarer zu sehen. »Gibt es denn jemanden, der die Natur nicht liebt?« Das Besitzerpaar wuchs auf dem Land auf und genießt, dass die Familie auf dem zehn Hektar großen Gelände Zeit zum Nachdenken hat und sich ganz einfach die Freiheit nehmen kann, ohne Großstadthektik spazieren zu gehen. »Dass die Kinder im Freien spielen können, ist schon ein Luxus. Unser Refugium ist für sie ebenso paradiesisch wie für uns.«

Die Sperrholzdecke sorgt für Wärme und steigert das Gefühl von Behaglichkeit im Schlafzimmer (diese Seite). Der größte Teil der Möbel, darunter Betten und Küche, stammt aus eigener Produktion. »Wenn wir uns unsere Möbel selbst bauen, so ist das eine zusätzliche Therapie«, so die Besitzer.

Der Eisenbahnwagon 3. Klasse
von 1908 wurde vor vier Jahren aus einem Nachbarsgarten
gerettet, wo er rund 50 Jahre
vor sich hingegammelt hatte.
Die abgeblätterte rote Farbe
wurde allerdings nicht aus Grün-
den der Ästhetik belassen –
»Wenn man nichts macht, wird
das Holz bald verwittern!« –,
sondern weist lediglich darauf
hin, dass die Renovierung
noch nicht abgeschlossen ist.

NOSTALGIE IM
EISENBAHNWAGON

Wie dieser alte Eisenbahnwagen – der im schottischen Hochland ein neues Zuhause
gefunden hat – beweist, muss ein Refugium weder teuer noch in weiter Ferne sein. Er
befindet sich zwei Minuten vom Bauernhaus seines Besitzers entfernt; der findet
denn auch, das sei »weit genug, um außer Hörweite des Telefons zu sein«.

Die Umgebung, in der der Eisenbahnwagon Endstation macht, hat der Besitzer selbst gestaltet. Vom Wagon
aus, der in einem vier Hektar großen Feld am Fuße eines schottischen Hügels steht, hat man einen wunderbaren Blick über die Berge nach Norden. Es gibt einen künstlichen Teich, der von einem Bach gespeist wird
und in dem man schwimmen kann, und ganz in der Nähe einen drei Hektar großen Wald aus einheimischen

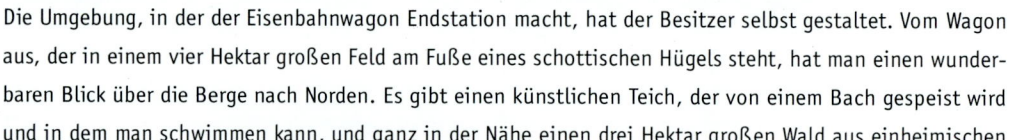

Die für Außen- und Innen-
flächen gewählten Farben
spiegeln die natürliche
Umgebung wider – die
sanften Grüntöne der
Wiesen und Bäumen und
das lebhafte Blau des
Teichs und des Himmels.
Es sind dies die typisch
schottischen Farben, die
man in den traditionellen
Tartans, den bunt karierten
Stoffen der schottischen
Hochländer, antrifft.

Breitblättrigen Hutbäumen, denen der Besitzer noch wilde
Kirschbäume, Ebereschen, Haselnusssträucher, Birken, Holun-
der sowie ein paar Kiefern und Lärchen zur Seite gestellt hat.

Der Wagon wird praktisch das ganze Jahr über genutzt –
teils als gemütliches Nest, teils als »Strandhaus« am Teich. Im
Winter genießt es der Besitzer, sich in seinem Refugium ein-
zuigeln. »Wenn es im Haus zu kalt ist, gehe ich oft zum Wagon
hinunter, mache im Ofen ein Holzfeuer, schmökere in einem
spannenden Buch und bin ganz weit weg von allem.«

Alles ist selbst gemacht. So hat sich der Besitzer nicht nur
seine ganz persönliche Umgebung geschaffen, sondern auch
das Gefühl, »zur Bewahrung eines Erbes beigetragen zu haben«.
Wie die meisten anderen Besitzer der hier vorgestellten
Refugien hat auch er zu seinem Kleinod eine Beziehung wie
ein Vater zu seinem Kind. Das zeigt, wie schön es ist, Raum zu
schaffen für Dinge, die einem etwas bedeuten. Das müssen

»Glücklich der,
dessen Wünsche
und Sorgen ein paar
Morgen des väterli-
chen Lands gelten,
der zufrieden ist,
auf dem eigenen
Grund und Boden
die heimatliche
Luft zu atmen.«
Alexander Pope

Der Wagon steht völlig frei vor einer Bergkette, sodass der Blick sehr weit reicht. »Da ist eine Menge Himmel zu sehen.« Ursprüngliche Einrichtungsgegenstände tragen zu dem wunderbar nostalgischen Ambiente bei und eine Sammlung alter Glasflaschen spielt mit dem intensiven Lichteinfall im »Wintergarten«.

keine Kostbarkeiten sein – häufig handelt es sich um einfache Möbel und Accessoires oder einfach Dinge, mit denen der Besitzer eine Geschichte verbindet.

»Hier kann man sich 100-prozentig erholen. Ich liebe auch das wechselhafte Wetter, sogar den heftigen Regen, wenn ich gemütlich im Wagon sitze und mich geborgen fühle. Der fehlende Luxus und die Besinnung auf die einfachen Dinge sind ein positiver Aspekt. Ich bin in einer anderen Welt, sobald die Tür hinter mir ins Schloss gefallen ist – das Geräusch entführt mich in die Vergangenheit und ich erinnere mich, wie ich vor 45 Jahren in ähnlichen Wagons gereist bin. Dabei kann ich mich herrlich entspannen. Ich glaube, ich könnte hier das ganze Jahr über wohnen – und vielleicht werde ich das auch tun, wen ich endlich eine einfache Toilette eingebaut habe. Dann habe ich hier alles, was ich brauche.«

Feuer

Das Element
Feuer

Feuer erzeugt Hitze und Licht, und es bringt Zerstörung, der jedoch ein Prozess der Erneuerung folgt. Das Feuer symbolisiert Kreativität, Glück und Leidenschaft und ist ein Synonym für die Sonne – die von vielen alten Kulturen als oberste Gottheit verehrt wurde.

Wir brauchen das Feuer, um unsere Welt zu erhellen – sei es nun in Form gleißender Sonnenstrahlen oder des flackernden Lichts einer Kerze. »Licht ist wichtig für uns«, schreibt der Wissenschaftler Peter Ensminger und bemerkt, dass die menschlichen Augen auch »als die großen Monopolisten unserer Sinne« bezeichnet werden. Mit einem Blick erfassen wir Informationen über unsere Umgebung, wie sie uns so genau kein anderer unserer Sinne zu liefern vermag. Auch sähen wir ohne Licht Farben nicht. Das weiße Licht der Sonne enthält alle Farben des Regenbogens, und nur weil die Moleküle einige Lichtstrahlen absorbieren und andere reflektieren, nehmen die Dinge für uns ihre Farben an.

Feuer sorgt auch für Hitze und Trockenheit. Es verbrennt die Erde und zieht die Feuchtigkeit aus Holzscheiten, sodass sie im Ofen knistern und knacken. Wärme und Tage voller Sonnenschein assoziieren wir mit Glück. Zu den in diesem Kapitel vorgestellten Refugien gehört ein Airstream-Wohnwagen, in dem die Besitzer unter der glühend heißen Wüstensonne Erholung finden, aber auch ein abgeschiedenes kleines Haus in Schweden, in dem sich die Besitzer an der seltenen Sonne ebenso erfreuen wie am Schein von Kerzen.

Wer kennt nicht die magische Anziehungskraft, die von der Wärme und den züngelnden Flammen eines Feuers ausgeht? Wir spüren vielleicht dieselbe Ehrfurcht, die unsere Vorfahren empfunden haben müssen, als sie sich die Kraft des Feuers nutzbar machten und damit die ersten Schritte taten, um sich ein gemütliches Zuhause zu schaffen. Die Faszination und Schönheit des Feuers waren es denn auch, die in Connecticut ein Refugium entstehen ließen, in dessen Mittelpunkt ein großer offener Kamin steht.

knisternd
Energie spendend
erhellend
wärmend
flackernd
behaglich

Vom Feuer
geschaffen

Das Feuer kann viele Farben haben und die Farbe des von ihm ausgesandten Lichts weist auf die Heftigkeit hin, mit der ein Stoff verbrennt. Rot, die Farbe der abkühlenden Lava, ist die kälteste Farbe der Hitze, gefolgt vom Gelborange einer Kerzenflamme bis hin zu Weiß, dem Ton der Sonnenoberfläche.

Wer die Flammen eines Feuers genau betrachtet, erkennt, dass diese Farben gemeinsam vorkommen, miteinander verschmelzen und sich verändern, da die Konzentration der Kohlen- und Sauerstoffmoleküle im Feuer ständig wechselt. Wer ein Feuer beobachtet, wird Zeuge einer andauernden Metamorphose.

Es sind die Farben des Feuers, die das Herz schneller schlagen lassen, Leidenschaft wecken und uns inspirieren, so wie die Flammen des Kaminfeuers, die mit den graubraunen Holzscheiten und der silberfarbenen Asche verschmelzen. Und wie wunderbar ist es, die Morgendämmerung zu beobachten und die Komposition aus blassem Himbeerrot und Eisblau in sich aufzunehmen.

Das Feuer hat extreme Wirkungen – es zerstört, blendet und verbrennt –, ist aber auch gemütlich und Trost spendend. Feuer ist undefinierbar, magisch, unbeherrschbar. Da es zu heiß ist, um es zu berühren, können wir nur seine Wirkung fühlen und über seine Kraft staunen. Wir fühlen das Feuer durch die Wärme, die unseren Körper durchdringt, wenn wir am Kamin sitzen, oder durch heiße Sonnenstrahlen auf unserer Haut; wir spüren den heißen Sand unter unseren Füßen und streichen mit unseren Fingern über die rissige Erde, die von einer glühend heißen Sonne verbrannt wurde.

scharlachfarben
berauschend
heiß
lodernd
geheimnisvoll
weiß glühend
verschlingend

Arrangements, vom
Feuer inspiriert

Auch im Zeitalter der Fußbodenheizung wissen Kenner die Behaglichkeit zu schätzen, die ein offener Kamin in einen Wohnraum zaubern kann. Und tatsächlich passt so ein Relikt aus alten Zeiten zu jedem Einrichtungsstil. Wer sich für den Einbau eines Kamins entscheidet, wird sich bald fragen, wie er bisher ohne diese Annehmlichkeit ausgekommen ist.

Die Farben des Feuers sind intensiv. Im Übermaß eingesetzt können sie einen Raum leicht erdrücken, da sie ihn verkleinern. Die »feurigen« Farbtöne besitzen eine starke Symbolkraft und können dramatische Veränderungen unserer Stimmung und Gefühle auslösen: Rot ist die Farbe des physischen Antriebs; Rosa wirkt beruhigend; Orange ist die Farbe der Freude und des Tanzes; Gelb regt den Geist an und stimmt optimistisch. Man sollte bedenken, wie ein Raum genutzt wird, und die Farben dementsprechend auswählen. Weiß, das sich ja ebenfalls mit dem Feuer assoziieren lässt, eignet sich sehr gut als Kontrast zu den intensiven Feuertönen und hebt den Raum.

Es gehört viel Mut dazu, die Farben des Feuers bei der Gestaltung eines Raums konsequent einzusetzen, die Wirkung kann jedoch außergewöhnlich sein. Kombiniert man mehrere Feuertöne, wirken sie weniger intensiv. Als Akzente vor einem neutralen, erdfarbenen oder in einer kalten Farbe gehaltenen Hintergrund sorgen sie für Wärme und Abwechslung. Die Behaglichkeit eines Raum kann durch bestimmte Accessoires wie ein flauschiges Schaffell, anschmiegsame Gewebe, beispielsweise Chenille, Samt und luxuriöse Wollstoffe, oder Wildleder zusätzlich verstärkt werden.

Wer möchte nicht möglichst viel natürliches Licht in sein Haus lassen? Zu große Fenster können jedoch problematisch sein. Schon unsere Vorfahren, die in kalten Klimazonen lebten, verzichteten an den Nordseiten ihrer Häuser auf Fenster und sahen ansonsten nur kleine Fenster vor, um den Wärmeverlust möglichst gering zu halten. Auch dort, wo die Sommer heiß sind, sollten die Fenster klein sein, damit es in den Innenräumen kühl bleibt.

WÜSTENTAUGLICHER
AIRSTREAM

Dieses ganz besondere Refugium dient zum einen als Unterbringungsmöglichkeit für Gäste, die gerne zu Besuch kommen, um den Blick auf die Bucht von San Francisco zu genießen, zum anderen eignet es sich hervorragend dazu, dem Stress des Silicon Valley zu entfliehen.

»Wenn man selbstständig ist und noch dazu zu Hause arbeitet, entkommt man der Arbeit nur, wenn man wegfährt«, erklärt das Architektenehepaar. Deshalb legten sie sich diesen fünf Meter langen Wohnanhänger zu. Der Bambi Airstream, Modell 1962, den sie unbesehen über das Internet gekauft hatten, ist ideal für seine Doppelfunktion geeignet. Unterwegs dient er als mobiles Ferienhaus, das seinen Besitzern überallhin folgt. Zu Hause steht er im Hof hinter dem Haus und fungiert als effektive und autarke Gästesuite.

»Kalifornien umfasst 24 Klimazonen und die Landschaft reicht von hohen Bergen (Mount Witney liegt gut 3650 Meter über dem Meeresspiegel) bis zum Death Valley, das sich mehr als 70 Meter unter Meereshöhe befindet«. Doch es sind die Wüsten, von denen sich die Besitzer des Airstream am

stärksten angezogen fühlen. »Das Wüstenklima ist rau und die Landschaft wirkt im Winter sogar noch dramatischer, wenn die Sonne tief am Himmel steht. Winternächte in der Wüste können 14 Stunden dauern, mit Temperaturen unter dem Gefrierpunkt und Winden, die eine Geschwindigkeit von bis zu 80 Stundenkilometern erreichen.«

Das Paar ist mit seinem Wohnanhänger mindestens einen Monat im Jahr unterwegs, um der Natur so nah wie möglich zu sein. »Man kann sich das überhaupt nicht vorstellen; das Zusammenspiel der Elemente ist unerschöpflich. Am besten gefällt es uns dort, wo die Elemente der Natur aufeinander prallen, zum Beispiel in einer Wüstenoase oder wo ein Gebirge ins Meer stürzt.« Der Airstream ist ein wunderbares Synomym für dieses Aufeinanderprallen der Extreme, weil seine glänzende, von Menschenhand geschaffene Hülle in auffälligem Kontrast zur kargen Wüstenlandschaft steht.

Mit Bambi, dem kleinsten Modell von Airstream, erreicht man die entlegensten Orte, auch solche, an denen es keine anderen Übernachtungsmöglichkeiten gibt, etwa in Nationalparks. Außerdem sind die Besitzer durch ihren Wohnanhänger völlig autark – es gibt einen Gaskocher, Kühlschrank und warmes Wasser. Der Lebensstil ist dennoch sehr eingeschränkt: »Wenn man vom öffentlichen Versorgungsnetz unabhängig ist, achtet man auf jeden Wassertropfen und jedes Fünkchen Elektrizität, die man verbraucht. Außerdem wird einem bewusst, wie viel Abfall man produziert.« Aufgrund der Enge im Bambi Airstream spielt sich das Leben auf Reisen natürlich hauptsächlich im Freien ab.

Der Wohnanhänger musste aufwändig restauriert werden. Fast 15 kg Farbe wurde von den Innenwänden aus Aluminium entfernt und der emaillierte Stahlkocher sowie die Spüle wurden gegen leichte Modelle aus rostfreiem Stahl ausgetauscht, um das Gewicht zu reduzieren und Treibstoff zu sparen. Energiesparlampen spenden Licht. Zudem wurden mehrere Schichten Bodenbelag entfernt und durch portugiesischen Kork ersetzt, der natürlich vorkommt, ein nachwachsender Rohstoff und zudem leichter ist als jeder andere Bodenbelag. Wenn die Originaleinrichtung ausgebessert werden konnte, wurde sie erhalten. Der 38 Jahre alte und außerdem FCKW-freie Propangaskühlschrank funktioniert noch ebenso gut wie die Heizung und der Warm-

Die leichte Konstruktion des Airstream inspirierte zu einer »ökologischen Restaurierung«. Beim Zubehör wurde auf Umweltfreundlichkeit und (wegen des Treibstoffverbrauchs) auf geringes Gewicht geachtet. So wurden Schränke mit Aluminium furniert, denn das Material wiegt nicht viel und muss nicht chemisch behandelt werden.

»Die saubere Luft und die Einsamkeit lassen einen in der Wüste das Bedürfnis nach Wasser und Fruchtbarkeit beinah vergessen.« Henry David Thoreau

Als der Besitzer den Airstream-Wohnanhänger abholte, hatte dieser »den Charme einer öffentlichen Herrentoilette«. Heute glänzt er innen so wie außen. Der durchdachte kompakte Innenraum lässt sich schnell vom Wohn- zum Schlafzimmer umbauen – der Tisch wird weggeklappt und aus den Sofas werden Betten.

wasserbereiter, die ebenfalls mit Propan betrieben werden. Der winzige Waschraum mit Dusche und Toilette ist unverändert geblieben – »die original italienische Handbrause funktioniert sogar besser als alle modernen Armaturen in unserem Haus«.

Seit der Restaurierung ihres »Oldtimers« sammelte das Paar Gegenstände aus Aluminium aus den 30er- bis 70er-Jahren, vom Kochbuch über einen Abfalleimer, Eisschrank, Kugelgrill bis hin zu Koffern. Das meiste fanden sie über das Internet. Nostalgische Stoffe passen ebenfalls zum 60er-Jahre-Design des Airstream. Am liebsten dekorieren die beiden ihren Airstream mit stets wechselnden Arrangements aus Blättern, Hölzern, buntem Sand und Steinen, die sie von ihren Wüstentrips mitbringen.

HEIMAT UM EINE
FEUERSTELLE

»Das Feuer hat mich schon immer fasziniert und die Idee, es in einem großen offenen Kamin einzufangen, sodass die Flammen zum Mittelpunkt des Raumes würden, reizte mich ganz besonders.«
Der Kamin in dem gemütlichen Refugium in Connecticut, den der Architekt und Besitzer aus Gesteinsblöcken der Umgebung selbst gebaut hat, wirkt wie ein Monolith. Es haften noch Flechten an ihnen und sie wirken wie der Eingang zu einer Höhle der Vorzeit. »Ab dem Spätherbst und im Winter zünden wir allabendlich ein Kaminfeuer und Kerzen an, weil sie

Das erste Gebäude, das hier stand, war ein einfaches Fachwerkhaus. Erst später wurde das kleine Haus erweitert, Nebengebäude kamen dazu (linke Seite) und schließlich das »Kaminhaus«, dazwischen Eichen und Ahorn, wie sie zur Landschaft New Englands gehören. »Ich wollte, dass sich die Gebäude in die Landschaft einfügen, mit ihr harmonieren und Beständigkeit ausstrahlen, als seien sie schon immer da gewesen«, sagt der Besitzer.

»Vor deinem eigenen Kamin bist du König, genau so wie ein Monarch auf seinem Thron.«
Miguel de Cervantes

ein wunderbares Licht verströmen. Solch einfache Freuden geraten leicht in Vergessenheit, wenn die Menschen in ihrem Alltag zu sehr gefangen sind.«

Als ehemaliger Stadtmensch erlebt der Besitzer sein ländliches Refugium ganz bewusst. »Wenn ich abends aus der Stadt zurückgekehrt bin, genieße ich es, dass ich hier nichts mehr von der Welt da draußen höre. Ich freue mich immer heimzukommen. Hier ist es wunderbar friedlich und man erlebt das Wetter und die Jahreszeiten hautnah. Der Herbst ist wegen der Farben am spektakulärsten. Ab Oktober wirkt der Wald mit seinen unterschiedlichen Rot-, Orange- und Gelbtönen, als würde er in Flammen stehen. Es liegt eine Frische in der Luft, ein Ahnung davon, dass sich bald alles ändern und auf den Winter vorbereitet sein wird. Dann ist es Zeit, das Holz aufzuschichten, um im Kamin Feuer zu machen. Das ist wirklich ein ganz besonderes Fleckchen.«

Dieses Refugium besteht im Wesentlichen aus einem Raum, der an einem Ende verglast ist und am gegenüberliegenden Ende von dem offenen Kamin begrenzt wird. Hinter dem Kamin liegt ein Schlafzimmer. Für die Besitzer ist dieses Nebengebäude »ein Refugium im Refugium. Wir kommen her, um zu lesen und zu entspannen oder um uns Mahlzeiten über dem Feuer zuzubereiten.«

GALERIE DER
VOLKSKUNST

Bei den afrikanischen Stämmen ist Blutrot die Farbe des Lebens, während Weiß für Trauer und Schwarz für Wohlstand stehen. »Afrikanische Kunst, mit ihrer Kraft, Präsenz und Geschichte, ist unsere Leidenschaft und die Verbindung zwischen Magie und Religion fasziniert uns grenzenlos«, so der Besitzer dieser »Galerie«.

Jedes Jahr verlässt er mit seiner Frau, einer Schmuckdesignerin, das heimatliche Paris, um – »als radikale Unterbrechung des Stadtlebens« – drei Monate in diesem alten Haus in einem südfranzösischen Dorf über der Bucht von Pampelonne in der Provence zu verbringen. Es ist ein überaus geschichtsträchtiger Ort: Selbst die Namen der engen Gässchen erinnern an die Zeit der maurischen Eroberung.

Hier werden geschickt verteilte rubin-
rote Farbtupfer zu Blickfängen, die in
den sonst zurückhaltend wirkenden
Räumen für Dramatik sorgen. Die
skulpturartigen dunklen Holzmöbel –
»von der Farbe verbrannter Brote«, so
der Besitzer – stammen hauptsächlich
aus Asien. Obwohl sie in einem
anderen Kontinent entstanden sind,
passen die antiken, handgefertigten
Stücke gut zu dem einfachen provenzalischen Landhaus, mit seinen
Kacheln aus gebranntem Ton und
alten, knorrigen Deckenbalken.

Der sommerlichen Hitze wird hier mit dicken Mauern und mit Fensterläden
begegnet. Die in allen Mittelmeerländern üblichen traditionellen Fensterläden lassen die Luft zirkulieren, halten aber das Sonnenlicht fern. So bleibt
das Haus selbst im Sommer, wenn die provenzalische Sonne unbarmherzig
herunterbrennt, angenehm kühl. Nicht tragende Wände sowie Türen wurden
entfernt, sodass das Haus im Innern sehr großzügig wirkt. Bei geöffneten
Fenstern kann das natürliche Licht hereinströmen und von den hellen
Wänden reflektiert werden, die den neutralen Hintergrund für die erlesene
Sammlung von Stammeskunst, Ethnostoffen und asiatischen Möbeln bilden.

Im Kamin mit den für die Gegend typischen gebrannten Tonkacheln wird
im Winter ein Feuer entfacht. »Das mediterrane Klima ist das ganze Jahr
über mild. Das Feuer soll für Gemütlichkeit sorgen und der Feuchtigkeit ent-
gegenwirken«, erklärt der Besitzer. »Wir zünden auch bunte Duftkerzen an,
um die Stimmung zu heben und eine entspannte Atmosphäre zu schaffen.«

Im Garten wachsen Thymian, Basilikum, Rosmarin und duftender Laven-
del. Diese Kräuter verströmen in der trockenen Hitze ihren Wohlgeruch und
erfüllen die Luft der ganzen Umgebung mit ihrem aromatischen Duft.

ursprünglich

stark

symbolträchtig

kühn

schmückend

leuchtend

kontrastreich

LICHT DES
NORDENS

Die Schweden wissen die sanfte Schönheit und Heilkraft des natürlichen Lichts
seit langem zu schätzen, da ihre Tage
von Mitte Herbst bis zum Beginn des
Frühjahrs ausgesprochen kurz sind.

Am 13. Dezember wird in Schweden die längste
Nacht des Jahres mit dem Lichterfest gefeiert, dem
Fest der heiligen Luzia, bei dem das Entzünden
vieler Kerzen im Mittelpunkt steht. Kerzenlicht ist
auch in dieser renovierten ehemaligen Brennerei
oder Destille eines südschwedischen Bauernhofs
von großer Bedeutung. »Wir haben zwar elektrisches Licht, schalten es aber nur selten ein; so oft
es geht, benutzen wir Kerzen«, erzählen die
Besitzer. »Künstliches Licht ist so ungemütlich und
kalt. Wir ziehen die Wärme und den Schimmer
sowie die Atmosphäre einer längst vergangenen
Zeit vor, die uns das Kerzenlicht vermittelt.«

luftig

beschaulich

hell

schillernd

sonnig

schattig

romantisch

Man ist sich der Gefahren offenen Feuers durchaus bewusst. Die aus Stein erbaute Destille ist alles, was von den Originalgebäuden des Hofs übrig geblieben war, der vor 30 Jahren durch einen Brand zerstört wurde. Die Nebengebäude hat man aus Weichholz wieder aufgebaut, das in Skandinavien traditionellerweise als Baumaterial verwendet wird.

Der Bauernhof liegt in einiger Entfernung zum nächsten Dorf und das damit verbundene Gefühl der Abgeschiedenheit ist den Besitzern besonders wichtig. »Wir erfahren dort dieses ganz spezielle Gefühl, das aufkommt, wenn man völlig allein auf dem Land lebt. Der ländliche Frieden bringt uns den Elementen näher und wir wissen, dass wir die Natur vor der Haustüre haben und sie jederzeit genießen können.«

In Skandinavien wird in alter Tradition das Holz von Nadelbäumen zum Bau von Häusern und Möbeln verwendet, für die man Spezialanstriche entwickelt hat. Sie sollen das Holz schützen, aber auch von der Einfachheit des Baumaterials ablenken. Tiefes Blau und erdverbundene Rottöne lassen die schwedischen Holzhäuser mit der Landschaft verschmelzen.

Wer kennt nicht die romantische Wirkung des Kerzenlichts und die damit verbundenen Klischees? Doch viel zu schnell hat man den Lichtschalter bedient und schon ist vergessen, wie schön das Spiel von Licht und Schatten in einem Raum ist, der nur von Kerzenlicht oder dem Schein eines Kaminfeuers erhellt wird. Diese Schatten sorgen für Intimität, aber auch für Entspannung und eine meditative Stimmung. Wenn jedoch auf elektrisches Licht nicht verzichtet werden kann, sollte man seine Dominanz so weit wie möglich einschränken.

Die Besitzer sind Liebhaber des traditionellen schwedischen Stils des 18. und 19. Jahrhunderts – insbesondere des Gustavianischen – und selber Antiquitätenhändler. Ihr Geschäft befindet sich im Erdgeschoss des Anwesens. Die freundlichen Wohnräume im ersten Stock öffnen sich zum lichtdurchfluteten Obergeschoss.

Während der langen Wintermonate, in denen die Sonne nie hinter den Wipfeln der Bäume vorkommt, kann sich mit abnehmendem Tageslicht auch die Stimmung verdüstern. Die Bewohner dieses Refugiums wissen das und auch, dass jeder Mensch täglich eine gewisse Dosis Licht benötigt, um gesund und glücklich zu bleiben. Deshalb ist das Innere der ehemaligen Destille, wie in Schweden üblich,

so angelegt und eingerichtet, dass es zwei eigentlich widersprüchliche Ziele verfolgt: Es muss während der Wintermonate Wärme und Gemütlichkeit ausstrahlen und gleichzeitig jedes Fünkchen des wertvollen Tageslichts maximal nutzen.

Durch kleine Fenster fällt das Tageslicht auf die mit einer traditionellen mildweißen Leimfarbe getünchten Wände, die es sanft streuen und reflektieren und das lichtverstärkende Weiß und Blaugrau der Möbel ergänzen. In den Holzrahmen der Innentüren sorgt Drahtglas dafür, dass das knappe Gut Licht auch zwischen den Zimmern ausgetauscht werden kann. Als Sichtschutz vor den Fenstern gab man einfachen Rollos den Vorzug und verzichtete auf Licht schluckende Gardinen.

Die ausgeprägte Vorliebe der Besitzer für Feuerschein und Kerzenlicht als natürliche Stimmungsaufheller zaubert ein ganz besonderes, warmes Ambiente. Das Flackern der Flammen und das Spiel der Schatten sowie der Duft von Bienenwachs und Kiefernholz erfüllen das ganze Haus. Geschickt platzierte Spiegel, Wandleuchter und Kerzenständer reflektieren das milde Licht und verstärken es. Lauter alte Tricks aus vergangenen Jahrhunderten, als Kerzen noch ein Luxus waren.

Damit sie ihrer Leidenschaft für natürliches Feuer nachgehen können, durchstreifen die Besitzer dieses schwedischen Refugiums an langen Sommertagen häufig die Wälder der Umgebung, um Holz zu sammeln, das sie selber hacken und zum Trocknen aufschichten, damit es im Winter zur Verfügung steht.

Der klassische Gustavianische Stil zeichnet sich durch Minimalismus aus. Die Möblierung ist zurückhaltend und sparsam. Weite, Freiraum und Transparenz zwischen den Räumen sind wesentliche Elemente, um eine Atmosphäre der Leichtigkeit zu schaffen. Elegante, lichtverstärkende Accessoires aus Glas und Kerzenleuchter aus Silber dominieren als Dekoration.

Erde

Das Element
Erde

Wir nennen unseren Planeten »Mutter Erde« und uns selbst »erd-verbunden«, weil die Erde unsere Heimat ist und wir zeit unseres Lebens mit dem Boden unter unseren Füßen verbunden sind.

Wohl deshalb betrachten wir die Erde als Selbstverständlichkeit. Thich Nhat Hanh, ein buddhistischer Mönch aus Vietnam, schrieb: »Das wirkliche Wunder ist, weder auf dem Wasser noch in der Luft zu wandeln, sondern auf der Erde.« Wir erleben das Element Erde, indem wir die Natur erleben. Doch nur wer befreit von der Last des Alltags in die Natur eintaucht, kann ihre überwältigende Schönheit erkennen.

Auch moderne Großstädter haben diese Affinität zur Erde nicht vergessen. Man denke nur an die vielen Gesundheitsprodukte, die in Reformhäusern angeboten werden und an unsere Sehnsucht nach Natürlichkeit appellieren. Wir lassen unsere Körper mit mineralhaltigen Schlämmen einreiben, Rückenschmerzen mit heißen Steinen behandeln und uns in Naturheilbädern verwöhnen. Und wer sehnt sich nicht ab und zu nach einem Refugium, das einem die Natur wieder näher bringt?

Wenn Sie Ihr Traumhaus planen, sollte Ihnen seine Integration in die natürliche Umgebung, also seine Verbindung zur Natur, ebenso wichtig, wenn nicht wichtiger sein als die Architektur des Hauses selbst. Bob Easton und Lloyd Kahn schrieben in *Shelter,* einem Standardwerk über Refugien: »Bevor Sie sich für ein Design und das Material entscheiden, sollten Sie die Lage berücksichtigen: Welchen Einfluss haben Sonne, Wind, Regen, Sommer und Winter, Klima, Straßen, Aussicht, Bäume, Nachbarn, Autos, Vögel ... beobachten Sie den Sonneneinfall das ganze Jahr über, stellen Sie fest, aus welcher Richtung die Winde wehen, und sehen Sie zu, dass die Morgensonne auf Ihren Frühstückstisch scheint.«

dauerhaft
bewahrend
heimatlich
fruchtbar
geerdet
bodenständig
nährend

Farben und Patina
der Erde

Die Erde findet sich wieder in den Farben und Strukturen von Gestein, Ackerböden, Stroh, Holz, Rinden und allen Pflanzen. Sie verändern sich entsprechend den Lebenszyklen der Natur: Von farbigen Blüten bleiben nur Samenköpfchen übrig und das Laub zerfällt am Boden zu Humus. Die Erde und ihre Früchte können wir mit dem Tastsinn erleben, indem man Sand unter den Fußsohlen spürt, Lehm zwischen den Fingern zerkrümelt oder einen knorrigen Baum berührt.

Die Farben der Erde wirken beruhigend, warm und einladend. Sie geben uns das Gefühl von Geborgenheit, auch weil sie an die Natur erinnern. Seit Menschengedenken wohnen wir in den Gaben der Erde, in Häusern aus Stein und Holz, mit Böden aus gestampftem Lehm oder ausgelegt mit Terrakottafliesen oder Parkett und in Möbeln aus Holz.

In der Erde schlummert eine unerschöpfliche Farbpalette, die sich die Maler schon seit Jahrhunderten nutzbar machen – man denke etwa an die mineralischen Pigmente Siena, Ocker und Umbra. So wird eine mineralreiche Landschaft im Death Valley National Park, Kalifornien, USA, »Artist's Palette« (Künstlerpalette) genannt. Viele Farben des Bodens sind das Ergebnis der Verbindungen metallischer Elemente – darunter Eisen, Kupfer und Mangan. Tatsächlich kann allein Eisenoxid rot (Rost), grün, rosa oder gelb gefärbt sein.

Natürliche Materialien haben Charakter und sind von zeitloser Schönheit, die sich durch den Gebrauch meist noch verstärkt. Man kann ihre Töne und Strukturen beinahe beliebig miteinander kombinieren, immer entsteht ein natürliches Bild der Harmonie.

Haselnuss
Pergament
Rinde
Witterung
Herbstlaub
Zimt
Tonerde
Rost
Torfboden
Sienarot

Arrangements, von der
Erde inspiriert

Obwohl sie meist im Hintergrund wirken, entfalten die natürlichen Brauntöne der Erde, geschickt eingesetzt, ihre Magie.

Brauntöne wirken mit feurigen Farben wie Orange und Rot lebendig, in Verbindung mit Weiß oder Creme erscheinen Brauntöne elegant und modern, kombiniert mit Kobaltblau oder Blassgrün lässig und raffiniert. Textilien aus Leinen- oder Hanfgewebe und Bodenbeläge aus Sisal, Binsen oder Seegras unterstützen diese Wirkung. Diese Naturmaterialien sind außerdem sehr strapazierfähig und sorgen durch die Unregelmäßigkeiten ihrer Struktur und Färbung für zusätzliche Lebendigkeit.

Die Anschaffung traditioneller, regionaltypischer Einrichtungsgegenstände, etwa massiver Holztische oder kunstfertig geflochtener Binsenmatten, lohnt sich immer. Sie haben sich seit Jahrhunderten bewährt und, wenn es sich um Antiquitäten handelt, Generationen überlebt. Kaufen Sie bei Handwerkern ein, die die Tradition ihrer Region pflegen. Man besitzt dann nicht nur ein besonderes Einzelstück, sondern kann auch sicher sein, dass weder Umwelt noch Menschen ausgebeutet wurden.

Allen natürlichen, erdigen Farben sind ein besonderer Charakter und eine gewisse Zartheit gemein. Suchen Sie nach traditionellen Pigmenten und mischen Sie sich Ihre Farben selbst. Lassen Sie sich dabei von dem Farbspiel der Natur inspirieren. Dann wird Ihr Refugium nicht nur von Farben erfüllt sein, die wie eine harmonische Komposition wirken, sondern Sie haben auch die Umwelt geschont.

HAUS AUS
STROH

Für die Hauswände hat man Quader aus Stroh wie Ziegelsteine übereinander gesetzt und mit Holzrahmen fixiert, anschließend wurden sie mit herkömmlichem Kalkmörtel verputzt. Anders als moderner Putz »atmet« Kalk und lässt einen Feuchtigkeitsaustausch zu. Der Mörtel wurde mit Leimfarbe in dunklem Ocker gestrichen, ein Ton, der gut zu den alten Türen und Fensterrahmen und dem matten Rotton der Ziegel passt.

Manche Menschen genießen es, ab und zu in eine sehr einfache und schlichte Behausung entfliehen zu können. Wohl auch in Erinnerung an die Kindheit, als man in der Gartenlaube übernachtete, sich in Baumhäuser verkroch oder aus Decken Höhlen baute! Die Besitzerin schuf sich diesen Schlupfwinkel, weil sie manchmal »dem Stress und dem Trubel entfliehen will, um im Einklang mit der Natur Ruhe und Frieden zu finden«. Sie wohnt in einem herrschaftlichen 80-Zimmer-Haus aus dem 16. Jahrhundert, das sie mit einer Möbelmanufaktur, einem Schulungszentrum für Handwerker inklusive angeschlossener Pension und, sieben Monate im Jahr, mit Touristen teilen muss.

Trotz der »vom Menschen ge-
schaffenen« Umgebung geht
das Häuschen völlig in der
Natur ringsumher auf. »Das
Gemüsebeet ist ein heilloses
Durcheinander wilder Schönheit«, so die Besitzerin. »Es
steht in völligem Gegensatz zu
den konventionellen Gärten
des Herrenhauses – Rosen,
Schmetterlingssträucher und
Klematis blühen zwischen
Kräutern und vielen Gemüse-
sorten wie gelben, roten und
grünen Bohnen, ungewöhn-
lichen Salaten und dunklen
Tomaten.« Aus all diesen Zu-
taten kann man innerhalb von
Minuten eine wunderbare Mahlzeit auf den Tisch zaubern.

Entstanden ist eine sehr intime, bescheidene Unterkunft, die in völligem Gegensatz zum heimatlichen Anwesen steht. »Ich wollte mich vom ›realen‹ Leben, dem Telefon, den Leuten und dem ganzen intellektuellen Kram zurückziehen. Ich hatte Sehnsucht nach der Intimität eines kleinen Raums. Die Zeit, die ich hier verbringe, ist friedlich und fruchtbar. Ich schreibe, arbeite im Garten und träume vor mich hin – denke über Probleme nach und verschaffe mir eine Art geistigen Freiraum«.

Als vorzügliche Gärtnerin wollte sie den Rhythmus der Natur miterleben können und schuf sich ihr Paradies innerhalb der Mauern des alten viktorianischen Küchengartens. »Obwohl sich das Refugium auf dem Grundstück des großen Hauses befindet, ist es dennoch abgelegen. Die meisten haben keine Ahnung, dass es existiert. Selbst vom Garten aus ist es nicht sofort sichtbar; eine Rosenhecke, ein Gewächshaus und ein Apfelbaum schützen es vor neugierigen Blicken.«

Das Haus aus Stroh wurde von ihrem ältesten Sohn und einem befreundeten Zimmermann an zwei der alten, 4,5 Meter hohen Ziegelmauern angebaut. Die

»Kleine Räume oder Wohnungen disziplinieren den Geist, große schwächen ihn.«
Leonardo da Vinci

Strohquader wurden in einen Holzrahmen aus alten Hindernisstangen vom Springreiten eingepasst und mit herkömmlichem Kalkmörtel verputzt. Gebäude aus Strohwänden sind nicht so leicht zu zerstören, wie man annehmen könnte, sondern tatsächlich sehr stabil. Sie sind langlebig und umweltfreundlich, da sie aus recycelbaren, ungiftigen Materialien gebaut werden und über ausgezeichnete Dämmwerte verfügen. Außerdem sind die Baukosten extrem niedrig.

»Hier leben zahlreiche Vögel: Zaunkönige, Fliegenschnäpper, Rotkehlchen, Amseln, Finken, Kleiber und Eulen. Es gibt eine Menge Igel und in den Gartenmauern nisten wilde Bienen und Hornissen. Man erlebt die Elemente hautnah – und dennoch ist es an kalten Wintertagen gemütlich warm und an heißen Sommertagen angenehm kühl. Der sich ständig ändernde Himmel, die Wolken, Sonne und Mond dringen tief ins Bewusstsein ein. Es wäre schön, einen Blick auf das Meer oder den Sonnenuntergang zu haben – aber dann müsste ich auf die Abgeschiedenheit und Ruhe verzichten, die mir mein verborgener Garten schenkt.«

Die nach Süden gerichteten Ziegelmauern wurden von den Gärtnern vergangener Tage geschickt genutzt – wegen der Wärme, die sie speichern, zog man an ihnen Spalierobst. Das Refugium, das von Strohwänden und diesen Ziegelmauern begrenzt wird, hat erstaunlich gute Dämmwerte. Im Winter wird es durch den Holzofen (rechte Seite) schnell warm (ist das Feuer erloschen, hält sich die Wärme noch bis zu 24 Stunden), während die tiefe Veranda im Sommer das direkte Sonnenlicht nicht durch die Fenster lässt. So bleibt es in dem kleinen Haus angenehm kühl. Die Küche im Freien (rechts) ist mit einer alten Belfast-Spüle, fließend kaltem Wasser und einem winzigen Backofen mit Grill ausgestattet. Das Wasser für den Abwasch wird auf dem Holzofen erwärmt.

EHEMALIGE
MOLKEREI

Schon immer hatte der Mensch die Angewohnheit, Spuren seiner Anwesenheit in der Landschaft zu hinterlassen. Um die Zeit zu überdauern, muss ein Haus in seine Umgebung passen und sich außerdem für seine Bewohner als funktional erwiesen haben.

Neben einer kleinen Farm gelegen, inmitten schachbrettartig angelegter Felder, ist dieses Haus von einer sanften Hügellandschaft umgeben. Trotz der vordergründig statischen Architektur steht es in enger Beziehung zur Landschaft, denn die Bewohner haben Elemente der Umgebung einfließen lassen. Im oberen Teil

Vom Wohn- und Essbereich hat man einen herrlichen Blick auf die Wiesen und Weiden des Tals, auf denen die Schafe grasen. Das Haus sollte sich in die Landschaft integrieren und zur bereits vorhandenen Bebauung passen, deshalb entschied man sich für die Verwendung von Zedernholz, Aluminium und Sperrholz. Das unbehandelte Material bekommt mit der Zeit dieselbe graubraune Färbung wie der Kalkstein in dieser Gegend.

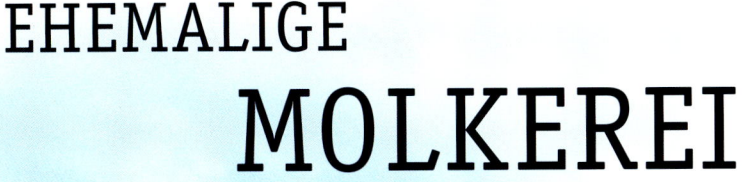

sympathisch

freundlich

verwittert

zeitlos

zurückhaltend

abgeschieden

natürlich

unaufdringlich

im Wandel

der ehemaligen Molkerei entstanden drei Schlafzimmer und ein Bad. Der baufällige Kuhstall, der darunter lag, musste vollständig erneuert werden. An seiner Stelle befindet sich heute der Wohn- und Essbereich. Beide Teile des Gebäudes sind über einen halben Treppenlauf miteinander verbunden, sodass »das archaische Element, zum Schlafen nach oben gehen zu können, erhalten blieb«, wie der Architekt meint.

Der Tastsinn ist unsere Verbindung zum Leben, denn Fühlen bedeutet, mit dem Körper zu »sehen«. Deshalb sollte man bei der Gestaltung eines Refugiums diesen Gesichtspunkt durchaus wörtlich nehmen und auf »greifbare« Weise berücksichtigen. Bei der ehemaligen Molkerei kombinierte der Architekt die kalte Struktur des Steinbodens mit der Patina des Holzes, um das Urige der Umgebung widerzuspiegeln.

Die Behaglichkeit des Raums in der ländlichen Umgebung lässt sich durch rustikale Keramiken noch unterstreichen, etwa durch handgetöpferte Gefäße (oben). An diesem Ort werden auch kleinste Freuden wie ein Frühstück im Bett oder ein Tässchen Tee vor dem Haus zu etwas ganz Besonderem.

VERWUNSCHENER GARTEN

»Ich habe nur selten Lust, mein geheimes Paradies mit jemandem zu teilen«, so die Besitzerin dieses ländlichen Refugiums. »Tatsächlich habe ich es bisher nur einigen meiner engsten Freunde gezeigt.«

»Mein Gärtchen ist mein Rückzugsort, wenn ich das Gefühl habe, ich muss meiner Arbeit entfliehen und meinem Kopf ein wenig Ruhe gönnen. Die Landluft, der Geruch von Erde und kaltes Wasser sind für mich Essenzen der Natur. Ihre Heilkraft wirkt gegen den Stress und die Hektik des modernen Lebens. Einfach die Wiese zu mähen, die Blumen zu betrachten, auf der Bank in der Sonne zu sitzen verschafft mir das Gefühl, weit weg von allem zu sein. Wenn ich wieder in den Alltag zurückmuss, habe ich meine Batterien aufgeladen, und ich kann mit neuem Elan Aufgaben angehen, die mir zuvor schwer zu lösen schienen.«

Der vor den Toren eines mittelalterlichen provenzalischen Dorfs gelegene Garten mit dem *Bastidon* (kleines provenzalisches Häuschen) ist nur wenige Gehminuten vom Haus der Besitzerin entfernt, aber der Weg dorthin ist wie eine Reise in die Vergangenheit. Die Abgeschiedenheit und der einfache Charakter des Gartens bieten alles, was sie sich von ihrem Refugium wünscht. »Von meinem Haus im Zentrum des Dorfes führt mich der Weg

Die Besitzerin ist darauf bedacht, dass die Atmosphäre ihres *Bastidon* nicht zerstört wird. So blieben die abgenutzten roten Fliesen, die Patina der Wände und Türen und die alten Gerätschaften unverändert. Nur manchmal kommt ein wackliger Stuhl dazu, eine Decke aus weichem Musselin oder ein Bettüberwurf, der nach provenzalischer Tradition bedruckt ist.

durch ein mittelalterliches Steintor, über eine Straße und auf einen schmalen Pfad, der vor dem eisernen Eingangstor der ummauerten Gärten im Süden endet. Die alten Frauen des Orts bauen hier noch Gemüse an und halten Kaninchen und Hühner.«

»Je länger ich hier verweile, desto stärker durchdringt mich das Gefühl, Teil der Vergangenheit zu sein, mit allem, was dazugehört. Meine nostalgische Sehnsucht nach ›La Vieille France‹, in das ich mich schon als Kind verliebt hatte, war es auch, die mich dazu bewogen hat, meine Heimat Deutschland zu verlassen und die französische Staatsbürgerschaft anzunehmen. Die Schlichtheit dieses Orts, seine Nähe zur Natur und zur Vergangenheit gefallen mir so sehr, dass ich sehr ungern woandershin reise. Nur hier fühle ich mich wirklich zu Hause.«

warm

fruchtbar

erdverbunden

geborgen

ländlich

althergebracht

geheimnisvoll

nostalgisch

Hersteller und Händler

Die folgende Liste der Hersteller, Einzelhändler, Makler, Architekten usw. kann aus Platzgründen nur eine begrenzte Auswahl aufnehmen – leider konnte in den einzelnen Kategorien nicht jeder Anbieter aufgenommen werden, der entsprechende Produkte oder Dienstleistungen herstellt, anbietet oder vertreibt.

TEXTILIEN UND ACCESSOIRES

BASSETTI Deutschland GmbH
Fraunhoferstraße 5
82152 Martinsried bei München
Tel. 0 89/8 95 62 00
Fax 0 89/8 57 45 13
www.bassetti.de
Plaids, Kissen, Tagesdecken usw.

Création Baumann
Paul-Ehrlich-Straße 7
63128 Dietzenbach
Tel. 0 60 74/3 76 70
Fax 0 60 74/37 67 11
www.creationbaumann.com
Einrichtungsstoffe, Gardinen usw.

Christian Fischbacher
Simonshöfchen 27
42327 Wuppertal
Tel. 02 02/7 39 90 90
Fax 02 02/7 39 09 35
in der Schweiz:
CH-9015 St. Gallen-Winkeln
Tel. 00 41/71/3 14 66 66
Fax 00 41/71/3 14 66 67
www.fischbacher.ch
Bettwäsche, Einrichtungsstoffe, Foulards, Rohgewebe

Formation Carpets
Flößerstraße 60
74321 Bietigheim-Bissingen
Tel. 0 71 42/93 72 00
Fax 0 71 42/93 72 01
www.formation-carpets.de
Handgeknüpfte Nepalteppiche, schadstofffrei, individuelle Anfertigungen

von Harmhove
Quagliostraße 6
81543 München
Tel. 0 89/6 51 77 55
Fax 0 89/65 60 76
www.schoenes.de
Accessoires und Kleinmöbel für ein schönes Zuhause, in Handwerksbetrieben auf der ganzen Welt ausgesucht

Ikarus
Kleinbahnweg 2
63589 Linsengericht
Tel. 0 60 51/7 10 42
Fax 0 60 51/7 11 14
www.ikarus.de
Wohnaccessoires, Möbel und Designartikel

Impressionen Versand
Strandbaddamm 4
22877 Wedel
Tel. 01 80/5 23 23 41
Fax 01 80/5 23 23 42
www.impressionen.de
Wohnaccessoires und Kleinmöbel

Kaiser Naturfellprodukte
Am Mühlenweg 3
56414 Dreikirchen
Tel. 0 64 35/9 64 70
www.kaiser-naturfellprodukte.de
Fellprodukte aller Art

Gunther Lambert
Postfach 33 01 59
41222 Mönchengladbach
Tel. 0 21 66/8 68 30
Fax 0 21 66/86 83 39
www.gunther-lambert.com
Hochwertige Möbel, exklusive Wohnaccessoires

Piazza
Harksheider Straße 11
22399 Hamburg
Tel. 0 40/60 68 21 68
Fax 0 40/60 68 21 70
E-Mail: piazza@piazza-wohnkultur.de

The Purists
Forster Landstraße 5–7
03130 Spromberg
Tel. 0 35 63/60 21 10
Naturtextilien

Seasonal Home by Töpfer
Am Siechengrund 10
95326 Kulmbach
Tel. 0 92 21/8 76 81
Fax 0 92 21/87 95 30
www.seasonal-home.de
Feine Homeaccessoires

Die Waage Handelskontor
Katensen 7
29303 Bergen
Tel. 0 50 51/52 29
Fax 0 50 51/41 61
E-Mail: diewaage@aol.com

Die Wäscherei
Jarrestraße 58
22303 Hamburg
Tel. 0 40/2 71 50 70
Fax 0 40/2 80 67 04
www.die-waescherei.de

Weseler Teppich GmbH & Co. KG
Fusternbergerstraße 57–63
46485 Wesel
Tel. 02 81/9 19 10
www.tretford.de
Teppiche aus Naturmaterialien

MÖBEL

Brocantique GmbH
Papenhuderstraße 30
22087 Hamburg
Tel. 0 40/2 20 09 93
Fax 0 40/2 20 95 66
in Österreich:
Brocantique Salzburg
Fa. Horst Maras
Steingasse 35
Tel. 00 43/6 64/3 41 73 08
Fax 00 43/6 62/45 73 58
in der Schweiz:
Dani Vock Antiquitäten AG
Schipfe 10/16
CH-8001 Zürich
Tel. 00 41/1 12 11/34 34
Fax 00 41/1 12 11/33 34
www.brocantique.de
Handgefertigte klassische Ledersessel und Sofas, restaurierte Originale

Garpa Garten & Park Einrichtungen GmbH
Kiehnwiese 13
21039 Escheburg/Hamburg
Tel. 0 41 52/92 52 01
Fax 0 41 52/92 52 50
in Österreich:
Seilergasse 8
A-1010 Wien
Tel. 00 43/1/5 13 19 09
Fax 00 43/1/5 13 19 01
in der Schweiz:
Lavaterstraße 40
CH-8002 Zürich
Tel. 00 41/43/3 44 30 10
Fax 00 41/43/3 44 30 15
www.garpa.de
Loom Chairs

Habitat
Schadow Arkaden
Berliner Allee 15
40212 Düsseldorf
Tel. 02 11/86 50 90
Fax 02 11/13 50 14
www.habitat.net
Möbel und Accessoires, Läden in mehreren Städten

Holz Manufaktur
Porschestraße 1
70435 Stuttgart
Tel. 07 11/1 36 71 70
www.holzmanufaktur.com
Massivholzmöbel

House & Garden Einrichtungen GmbH
Alte Dorfschule
Buursode 4
21271 Hanstedt-Nindorf
Tel. 0 41 84/89 21 01
Fax 0 41 84/89 21 03
www.houseandgarden.de
Landhausmöbel, Classic Interior, Lampen, Stoffe, Gartenmöbel aus Eisen und Teakholz, Terrakotta, Tisch- und Bettwäsche, Accessoires

Ikea
In ganz Deutschland zu erreichen unter:
Tel. 01 80/5 51 52
Fax 01 80/5 35 34 36
Adressen in Deutschland über www.ikea.de,
in Österreich und der Schweiz über www.ikea.com

Kare-Design
Zeppelinstraße 16
85748 Garching-Hochbrück
Tel. 0 89/3 20 08 20
Fax 0 89/32 08 21 88
www.kare.de

Maßstab
Kaiser-Wilhelm-Straße 115
20355 Hamburg

Tel. 0 40/34 44 55
Fax 0 40/34 44 45
Teakholzmöbel

Octopus
Lehmweg 10 b
20254 Hamburg
Tel. 0 40/4 20 11 00
Fax 0 40/4 20 12 00
www.octopus-versand.de

Palgrave Antiques
Lütticher Straße 56
50674 Köln
Tel. 02 21/5 10 56 92
Fax 02 21/5 10 56 93
www.clubsessel.de
Originale Art-déco-Clubsessel

Pimiento
Joseph-Dollinger-Bogen 13
80807 München
Tel. 0 89/32 22 85 33
Fax 0 89/32 22 85 30
www.pimiento.de
Sky Chair

Samen Fahrholz
Kollaustraße 129–135

22453 Hamburg
Tel. 0 40/5 54 21 70
Fax 0 40/58 42 67
www.samen-fahrholz.de
Gartenmöbel, Strandkörbe

Shaker Möbel
Sebastiansplatz 6
80331 München
Tel. 0 89/26 94 99 63
Fax 0 89/26 94 99 64
www.shaker-american-folkart.de
Traditionelle Möbel und Designs im
Stil der Shaker

Thonet
Berggasse 31
A-1092 Wien
Tel. 00 43/1/3 10 20 02
Fax 00 43/1/3 10 20 02 11
www.thonet-vienna.co.at
Klassische Bugholzmöbel

Völker Design
Feldstraße 14
96237 Ebersdorf
Tel. 0 95 62/38 60
Fax 0 95 62/3 86 50
www.voelker-design.de

Wittmann Möbelwerkstätten
Obere Marktstraße 31
A-3492 Etsdorf am Kamp
Tel. 00 43/27 35/28 71
Fax 00 43/23 75/28 77
www.wittmann.at
Schlichte und unaufdringliche
Designermöbel

ÖFEN UND KAMINE

Ceramic Werkstatt Rastorfer
Augsburger Straße 12
80337 München
Tel. 0 89/2 60 98 88
Fax 0 89/26 02 49 99
www.rastorfer.de
Exklusive Keramiköfen

Hagos eG
Industriestraße 62
70182 Stuttgart
Tel: 07 11/78 80 50
Fax 07 11/7 88 05 49
www.hagos.de

HARK Kamine
Hochstraße 197–201
47228 Duisburg (Rheinhausen)

Tel. 0 20 65/99 70
Fax 0 20 65/99 71 99
in der Schweiz:
HARK AG
Obergrundstraße 44
CH-6003 Luzern
Tel. 00 41/2/49 44 00
Fax 00 41/2/49 44 01
www.hark.de
Kachelkamine, Natursteinkamine,
Marmorkamine, Kachelöfen, offene
Kamine usw.

Öfen Stefan Dehn
Hofstraße 4
55767 Leisel
Tel. 0 67 87/87 89
Fax 0 67 87/88 55
www.ofenboerse.de
Umweltgerechte Feuerstätten,
transportable Ofenklassiker –
historisch und neu

Openfire RÖSLER-Kamin GmbH
63282 Dreieich-Offenthal
Tel. 0 60 74/8 40 30
Fax 0 60 74/84 03 12
www.openfire.de
Kamine, Gaskaminfeur, Kachelöfen

Rink-Kachelofen GmbH & Co. KG
Am Klangstein 18
35708 Haiger-Sechshelden
Tel. 0 27 71/30 03 00
Fax 0 27 71/3 00 30 29
www.rink-kachelofen.de

Franz Seewald
Dr.-Alfons-Heinzle-Straße 19
A-6840 Götzis
Tel. 00 43/55 23/6 26 93
www.seewald-ofen.at

Skanwood
Schloss Steinbach
97816 Lohr am Main
Tel. 0 93 52/8 05 50
Fax 0 93 52/8 05 52
www.skanwood.de
Schwedische Kachelöfen

BODENBELÄGE

Crucial Trading
Am Kiekeberg 34
22587 Hamburg
Tel. 0 40/86 91 82
Fax 0 40/86 25 90
www.crucial-trading.de

ESPEN AG
Im Rosengarten 1
61118 Bad Vilbel
Tel. 0 61 01/61 13
Fax 0 61 01/89 33 13
www.espen.de
Massivholzdielen, Parkett

Gasteig-Naturwaren Handels GmbH
Preysingstraße 15
81667 München
Tel. 0 89/6 88 73 13
Fax 0 89/48 50 67
www.naturbaumarkt-muenchen.de
Parkette und natürliche Bodenbeläge

Haro Parkett
Postfach 10 03 53
83003 Rosenheim
Tel. 0 80 31/70 00
Fax 0 80 31/70 01 99
www.haro.de

JAB Anstoetz Teppiche
Postfach 70 67
32030 Herford-Elverdissen
Tel. 0 52 21/77 40
Fax 0 52 21/7 74 52
www.jab.de

Designerteppiche aus hochwertigen
Naturmaterialien, Gardinen usw.

Kölnberger GmbH & Co. KG
Gut Hausen
Hausener Gasse
52072 Aachen
Tel. 02 41/1 32 71
Fax 02 41/17 52 55
www.antikeboeden.de
Antike Böden und Kamine

Das Korkparkett OHG
Wandsbeker Chaussee 299
22089 Hamburg
Tel. 0 40/2 00 30 80
Fax 0 40/20 86 85
www.daskorkparkett.de

Osmo
Postfach 63 40
48033 Münster
Tel. 02 51/69 20
Fax 02 51/69 22 59
www.osmo.de

Parketteria
Frauenstraße 16
80469 München

Tel. 0 89/29 16 13 01
Fax 0 89/29 16 13 02
www.parketteria-muenchen.de

Topceraic + stone
Nützenberger Straße 359
42115 Wuppertal
Tel. 02 02/7 16 83 27
Fax 02 02/7 16 04 13
www.topceraic.de
Exklusive Terrakotta- und Natur-
steinböden, Limestones, Mosaiken
und handgemalte Fliesen aus aller
Welt

Tretford
Postfach 2 92
46464 Wesel
Tel. 02 81/8 19 10
Fax 02 81/8 19 38
www.tretford.de

Vorwerk-Teppichwerke
Kuhlmannstraße 11
31785 Hameln
Tel. 0 51 51/10 30
Fax 0 51 51/10 33 77
www.vorwerk.de
Teppiche und Auslegeware

WoodLine Materra OHG
Wetzlarer Straße 22
35510 Butzenbach
Tel. 0 60 33/97 06 47
Fax 0 60 33/97 06 48
www.materra.net
Massivdielenböden, Parkette und
Holzböden aller Art

FLIESEN

Bella Casa Berlin
Bergmannstraße 101
10961 Berlin
Tel. 0 30/6 94 07 84
Fax 0 30/6 94 07 84
www.bella-casa-berlin.de
Orientalische Möbel und
Wohnaccessoires, Mosaikarbeiten,
Fliesen, Sandsteinkunst

Fliesen Schumacher GmbH
Am Weidenbach 40
53229 Bonn
Tel. 02 28/48 00 32
Fax 02 28/43 03 80
www.fliesen-schumacher.de
Marmor, Ganit, Cotto, Parkett,
Fliesen und Mosaiken

La Marrakech
Jarrestraße 56–58
23303 Hamburg
Tel. 0 40/27 87 16 16
Orientalische Fliesen und Kacheln

Strandgut
Blutenburgstraße 37
80636 München
Tel. 0 89/1 23 29 75
Fax 0 89/1 29 73 11
www.strand-gut.de
Spanischer Cotto, nordafrikanische
Zementfliesen, antikes Boden-
material

Terra cotta Handels-GmbH
Domäne Friedrichstal
72379 Hechingen-Boll
Tel. 0 74 71/9 82 22
Exklusive Bodenfliesen aus Ton

Terracotta
Kelterstraße 9
71032 Böblingen
Tel. 0 70 31/23 74 14
Fax 0 70 31/23 74 16
Cotto, Mosaiken, Bordüren, Putz,
Holz, Accessoires

FARBEN UND APPRETUREN

Beeck'sche Farbwerke
Postfach 81 02 24
70519 Stuttgart
Tel. 07 11/90 02 00
Fax 07 11/9 00 20 10
www.beeck.de
Naturfarben, Mineralfarben,
Lacken und Tapeten

**Biofarben Vertriebs- und
Verarbeitungs-GmbH**
Pariser Straße 51
10719 Berlin
Tel. 0 30/88 09 77 30
Fax 0 30/88 09 77 39
www.biofarben.de
Naturfarben aller Art

Domus Natura
T. Freimuth
Steinheimer Straße 6
65366 Geisenheim
Tel. 0 67 22/98 07 13
Fax 0 67 22/98 07 14
www.domus-natura.de
Lehmedelputz, Putzträger

Farbenzentrale Zürich
Hardstraße 35
CH-8004 Zürich
Tel. 00 41/1/4 93 47 57
Fax 00 41/1/4 93 47 56
www.farbenzentrale.ch
Versand von Farben jeder Art

Mordhorst
Kellerbleck 10 a
22529 Hamburg
Tel. 0 40/5 70 07 06
Fax 0 40/57 00 70 89
www.mordhorst-hamburg.de
Baubiologischer Fachhandel, Putze,
Farben, Kleber, Tapeten, Dichtungs-
massen, Dämmstoffe usw.

Natur Farben Werkstatt
Augsburger Straße 89
01277 Dresden
Tel. 03 51/3 10 09 09
Fax 03 51/3 16 10 00
www.naturfarbenwerkstatt.de
Wandfarben, biologische Holz-

schutzmittel, Holzoberflächen-
behandlung, Pigmente, Lacke

Sefra
Schönbrunner Straße 47
A-1052 Wien
Tel. 00 43/1/58 84 10
Fax 00 43/1/5 88 41 25
www.sefra.co.at

DÄMMMATERIALIEN

Hanf Fabrik GmbH & Co. KG
Verlängerte Ackerstraße 15
16792 Zehdenick
Tel. 0 33 07/31 03 90
Fax 0 33 07/31 00 26
www.hanffabrik.de
Trittschalldämmmatten,
Dämmmatten

GARTEN UND TEICHE

BioNova
Dipl.-Ing. R. Grafinger
Planungsbüro für vollbiologische
Naturbäder
St.-Nikolaus-Straße 2
Tel. 0 81 31/35 47 03
Fax 0 81 31/35 47 04
in Österreich:
G. Brandlmaier KEG
Planungsbüro für vollbiologische
Naturbäder
Austraße 6
A-4600 Wels-Thalheim
Tel. 00 43/72 43/5 82 14
www.bionova.de
Badeteiche

Country Garden Versand GmbH
Nagolderstaße 27/101
72119 Ammerbuch
Tel. 0 70 73/23 72
Fax 0 70 73/72 26
Eisenmöbel, Rosenbögen,
Pavillons, Laubengänge,
Rankobelisken, Steinguss,
Pflanzgefäße usw.

Anna Jagmann
Luisenstraße 180
41061 Mönchengladbach
Tel. 0 21 61/83 28 00

www.gartenskulptur.de
Objekte für Haus und Garten:
Büsten, Vogeltränken, Leuchter,
Wasserspeier usw.

Kirchner Garten & Teich
Espensieder Weg 1
65321 Heidenrod
Tel. 0 67 75/9 69 80
Fax 0 67 75/96 98 15
Teiche, Badeteiche, Bachläufe,
Koi-Teiche

Renate Weber
Liszthof 10
49076 Osnabrück
Tel. 05 41/6 51 27
Fax 05 41/6 57 84
www.renate-weber.de
Garten und Architektur, Ornamente
aus England: Brunnen, Vasen,
Bänke, Figuren, Säulen, Portale usw.

HISTORISCHE BAUSTOFFE

Achterhuis
Kreitenmolenstraat 92
NL-5071 BH Udenhout
Tel. 00 31/13/5 11 16 49
Fax 00 31/13/5 11 11 42
Kamine, Holzböden, Tore, Garten-
zubehör, Sanitäranlagen; kostenlose
Dokumentation auf Anfrage

Bau Antik C. Blei
Laubacher Straße 15
35447 Reiskirchen
Tel. 0 64 01/62 30
Fax 0 64 01/58 76
www.bau-antik.de
Antike Kachelöfen, Fliesen, Tore,
Zäune, Gusssäulen, Beschläge,
Parkette, Pflastersteine

**Bau-Stoff-Recycling Th. Knapp
GmbH**
Am Bahnhof 1
37627 Deensen
Tel. 0 55 32/13 20
Fax 0 55 32/15 68
www.knapp-online.de
Historische Bodenfliesen, Balken,
Mauerziegel, Dielungen, Dachziegel,
Türen, Beschläge usw.

Berge- und Recyclinghof
Lindener Straße 88
98646 Gleicherwiesen
Tel. 03 68 75/6 99 69
Baustoffe aus zweiter Hand

Schaar Historische Baustoffe
Geilingsweg 7
47506 Neukirchen-Vluyn
Tel. 0 28 45/13 67
Fax 0 28 45/3 21 84
www.schaar-historische-
baustoffe.de
Feldbrand u. Abbruchklinker,
Terrakotta, Ornamentfliesen,
Eisenzäune und -tore, Naturstein-
tröge und -stufen usw.

Ingo Selent
Winsberg 1
32457 Porta Westfalica/Eisbergen
Tel. 0 57 51/9 93 90 44
Fax 0 57 51/9 93 90 47
www.stein-alt.de
Schmiedeeiserne Tore und Zäune,
historisches Klinker- und Natur-
steinpflaster, Sandsteinbrunnen und
-becken usw.

FERTIGHÄUSER

BMN-Bausatzhaus
Am Karwinkel 24
83353 Grabenstätt
Tel. 0 86 61/9 88 50
Fax 0 86 61/98 85 50
www.bmn-bausatzhaus.de
Selbstbauhäuser

Garpa
Garten & Park, Einrichtungen GmbH
Kiehnwiese 1
21039 Escheburg
Tel. 0 41 52/92 52 00
Fax 0 41 52/92 52 50
www.garpa.de
Pavillons

Gartenhauszentrum GEIGER
Robert Geiger GmbH
Karlstraße 61
74405 Gaildorf
Tel. 0 79 71/70 24
Fax 0 79 71/2 13 64

www.gartenhauszentrum.de
Pavillons, Teehäuser

Hölscher + Leuschner
Siemensstraße 15
48488 Emsbüren
Tel. 0 59 03/9 39 60
Fax 0 59 03/72 73
www.woga.de
Große Auswahl an Gartenpavillons,
von der offenen Gartenlaube bis
zum wärmegedämmten Häuschen
mit Strom

Fa. Ralf Kötter
Clarholzer Straße 84
33442 Herzebrock
Tel. 0 52 45/32 90
Fax 0 52 45/1 89 21
www.Pavillonbau-Koetter.de
Pavillons von drei bis acht Metern
Durchmesser, schiefer- oder reet-
gedeckt

Macarel
Seltersweg 55
35390 Gießen
Tel. 06 41/9 75 89 21
Fax 06 41/9 75 89 22
E-Mail: macarel@t-online.de
Teehäuser

NOVA SCAN Holzhäuser
Stephan Schubert
Friedhofstraße 23
74925 Epfenbach
Tel. 0 72 63/83 85
Fax 0 72 63/48 12
www.novascan.de

Oase Naturbaustoffe/Holzhäuser
Luxemburger Straße 39
54294 Trier
Tel. 06 51/8 85 32
Fax 06 51/8 85 36
www.oase-naturbaustoffe.de

Steinhauer GmbH
57635 Kircheib
Tel. 0 26 83/9 78 20
Fax 0 26 83/66 32
www.steinhauer-gmbh.de
Gartenhäuser, Wohnhäuser,
Pavillons usw.

VERKAUF/VERMIETUNG AUS-GEFALLENER IMMOBILIEN

Engel & Völkers
Subbelrather Straße 24
50823 Köln
Tel. 02 21/57 77 99 80
Fax 02 21/51 79 64
in der Schweiz:
Manessestraße 170
CH-8045 Zürich
Tel. 00 41/1/2 06 15 15
Fax 00 41/1/2 06 15 16
www.engelvoelkers.de

Immowelt AG
Nordostpark 16
90411 Nürnberg
Tel. 09 11/52 02 50
Fax 09 11/5 20 25 25
www.immowelt.de

Ring Deutscher Makler – RDM
Mönckebergstraße 27
200095 Hamburg
Tel. 0 40/3 25 64 80
Fax 0 40/32 56 48 49
www.rdm.de

Weinberger Immobilien
Maierhof 7
94496 Ortenburg
Tel. 0 85 42/14 02
Fax 0 85 42/91 97 68
www.immowelt.de/Weinberger-
Immobilien
Außergewöhnliche Immobilien, von
der Almhütte bis zum Schloss

BAUINFORMATIONEN

Arbeitsgemeinschaft Holz e.V.
Postfach 30 01 41
40401 Düsseldorf
Tel. 02 11/47 81 80
Fax 02 11/45 23 14
www.argeholz.de

**Bund Deutscher Baumeister,
Architekten und Ingenieure e.V.**
BDB-Geschäftsstelle
Willdenowstraße 6
12203 Berlin-Steglitz
Tel. 0 30/8 41 89 70

Fax 0 30/84 18 97 22
www.baumeister-online.de
Adressen von Architektur- und
Ingenieurbüros bundesweit

Bundesarchitektenkammer
Askanischer Platz 4
10963 Berlin
Tel. 0 30/2 63 94 40
Fax 0 30/26 39 44 90
www.bundesarchitektenkammer.de

**Camen Bauinformationen
Deutschland GmbH**
Minden-Weseler-Weg 212
32130 Enger
Tel. 0 52 23/53 99
www.camen-bau.de

**Qualitätsgemeinschaft Holzbau
und Ausbau e.V.**
Kronenstraße 55–58
10117 Berlin
Tel. 0 30/20 31 45 71
Fax 0 30/20 31 45 61

Schweizer Baumuster-Centrale
Talstraße 9
CH-8001 Zürich
Tel. 00 31/1/2 15 67 67
www.baumuster-centrale.ch
Spezialist für Fragen um den Bau

**Wirtschaftsinstitut für
Bauökologie**
Maienstraße 12 a
48369 Saerbeck
Tel. 0 25 74/15 50
Fax 0 25 74/90 29 46
www.bauwissen.com
Bauportal für Energie sparendes
Bauen und Wohnen, aktuelle
Informationen über interessante
Produkte und Firmen, Informationen
und Beratung für Handwerker und
Bauherren zum Thema Energie spa-
rendes Bauen und Wohnen

**Die Bauten folgender Firmen und
Personen sind in diesem Buch
abgebildet (die Zahlen hinter den
Adressen verweisen auf die Seiten, auf denen die Arbeiten zu
sehen sind):**

DESIGNER UND ARCHITEK-TEN, DEREN ARBEITEN HIER VORGESTELLT WERDEN

Jonathan Adler
465 Broome Street
New York, NY 10013
USA
Tel. 0 01/2 12/9 41 89 50
Keramik, Licht und Textiles
S. 4–7, 16–17u, 18–23, 140m, 144

anderson architects
555 West 25th Street
New York, NY 10001
USA
Tel. 0 01/2 12/6 20 09 96
Fax 0 01/2 12/6 20 52 99
E-Mail: e.info@andersonarch.com
www.andersonarch.com
S. 2, 61ol, 66–79, 139m, 144

**Simon Kimmins Design and
Project Control**
Großbritannien
Tel. 00 44/20/83 14 15 26
S. 1, 62–65

**Interior designer Nicoletta
Marazza**
Italien
Tel. 00 39/276/01 44 82
S. 16–17o, 17or, 34–39

M. J. Marcinik
Greenmeadow Architects
4046 Ben Lomond Drive
Palo Alto, CA 94306
USA
S. 88, 92u, 94–99

Marston Properties Ltd.
1 Stephendale Road
London SW6 2LU
Großbritannien
Tel. 00 44/20/77 36 71 33
Fax 00 44/20/77 31 84 12
E-Mail:
ellie@marstonproperties.co.uk
S. 118, 122ul, 123ul, 130–133, 139l

Schefer Design
David Schefer & Eve-Lynn
Schoenstein

41 Union Square West, No. 1427
New York, NY 1003
USA
Tel. 0 01/2 12/6 91 90 97
Fax 0 01/2 12/6 91 95 20
E-Mail:
Scheferdesign@mindspring.com
www.scheferdesign.com
S. 4–7, 16–17u, 18–23, 140m, 144

Sergisson Bates
44 Newman Street
London W1P 3PA
Großbritannien
Tel. 00 44/20/72 55 15 64
Fax 00 44/20/76 36 56 46
S. 118, 122ul, 123ul, 130–133, 139l

Stenhuset Autilehandle
Bögerupsgård
24196 Stockamöllan
Skane
Schweden
S. 3, 92o, 93ul, 108–115

Bernard M. Wharton
Shope Reno Wharton Associates
18 West Putnam Avenue
Greenwich, CT 06830
USA
Tel. 0 01/2 03/8 69 72 50
E-Mail: srwol@aol.com
www.shoperenowharton.com
S. 93or&l, 100, 102–103

Bildnachweise

Der Dank des Verlags gilt all jenen, die die Fotoaufnahmen zu diesem Buch ermöglicht haben.

Alle Fotografien von Chris Tubbs
Abkürzungen: o = oben, u = unten, m = Mitte, l = links, r = rechts

1 Phil Lapworths Baumhaus bei Bath; 2 Vermont Shack/Ross Anderson, anderson architects; 3 das Stone House auf dem Land in Skane, Schweden; 4–7 Haus von Jonathan Adler und Simon Doonan auf Shelter Island bei New York, gestaltet von Schefer Design; 8 Jenny Makepeaces Haus in Dorset; 16ul Daniel Jasiaks Haus bei Biarritz; 16–17o Haus in Ramatuelle, St. Tropez; 16–17u Jonathan Adlers und Simon Doonans Haus auf Shelter Island bei New York, gestaltet von Schefer Design; 17ol Mike und Deborah Gearys Strandhaus in Dorset; 17or Haus in Ramatuelle, St. Tropez; 17ul Daniel Jasiaks Haus bei Biarritz; 18–23 Jonathan Adlers und Simon Doonans Haus auf Shelter Island bei New York, gestaltet von Schefer Design; 24, 26–27 Vadim Jeans Themseflussschiff, London; 28–33 Clara Baillies Haus auf der Isle of Wight; 34–39 Haus in Ramatuelle, St. Tropez; 41–47 Daniel Jasiaks Haus bei Biarritz; 48–53 Mike und Deborah Gearys Strandhaus in Dorset; 60–61u Daniel Jasiaks Haus bei Biarritz; 61or Mike Taitts Eisenbahnwagon in Schottland; 61ol Vermont Shack/Ross Anderson, anderson architects; 61ur Maureen Kellys Haus in den Catskills, New York; 62–65 Phil Lapworths Baumhaus nahe Bath; 66–73 Vermont Shack/Ross Anderson, anderson architects; 74–79 Nickerson-Wakefield-House im Staat New York, anderson architects; 80–85 Mike Taitts Eisenbahnwagon in Schottland; 88 & 92u Airstream-Wohnwagen von Mark J. Marcinik, Greenmeadow Architects; 92o & 93ul das Stone House auf dem Land in Skane, Schweden; 93or & l Ferienhaus in Connecticut, gestaltet von Benard M. Wharton; 93ur Haus eines Händlers für Volkskunst und einer Schmuckdesignerin in Ramatuelle; 94–99 Airstream-Wohnwagen von Mark J. Marcinik, Greenmeadow Architects; 100 & 102–103 Ferienhaus in Connecticut, gestaltet von Benard M. Wharton; 104–107 Haus eines Händlers für Volkskunst und einer Schmuckdesignerin in Ramatuelle; 108–115 das Stone House auf dem Land in Skane, Schweden; 118 Moens Molkerei in Dorset, in Besitz der Marston Properties Ltd.; 121ul Jenny Makepeaces Haus in Dorset; 122ul & 123ul Moens Molkerei in Dorset, in Besitz der Marston Properties Ltd.; 123ol Garten von Andrea McGarvie-Munn; 125–129 Jenny Makepeaces Haus in Dorset; 130–133 Moens Molkerei in Dorset, in Besitz der Marston Properties Ltd.; 134–137 Garten von Andrea McGarvie-Munn; 139l Moens Molkerei in Dorset, in Besitz der Marston Properties Ltd.; 139m Nickerson-Wakefield-House im Staat New York, anderson architects; 139r Daniel Jasiaks Haus nahe Biarritz; 140m Haus von Jonathan Adler und Simon Doonan auf Shelter Island bei New York, gestaltet von Schefer Design; 140r Jenny Makepeaces Haus in Dorset; 144 Nickerson-Wakefield-House im Staat New York, anderson architects; Vorsatzblatt: Haus von Jonathan Adler und Simon Doonan auf Shelter Island bei New York, gestaltet von Schefer Design.

BIBLIOGRAFIE
Writing on Water, David Rosenberg und Marta Ulvaeus. MIT Press, Seattle, 2001.
The Naked Ape, Desmond Morris. Vintage, London, 1994.
Solitude, Anthony Storr. Harper Collins, London, 1989.

Dank

Mein besonderer Dank gilt Alison Starling, Sophie Bevan, Gabriella Le Grazie und allen, die so hart an der Realisation dieses Buchs mitgearbeitet haben. Chris Tubbs, der die Intention des Buchs so perfekt einzufangen verstand, danke ich für die wundervollen Fotos. Außerdem möchte ich mich bei Ali Watkinson für die hervorragenden, besinnlichen Texte bedanken, bei Nicki Peters und Katie Ebben für ihre Hilfe bei der Gestaltung sowie bei Ben Kendrick für seine Anregungen.

Allen, die uns erlaubten, ihre privaten Refugien zu fotografieren, sind wird zu besonderem Dank verplichtet; ohne sie gäbe es dieses Buch nicht.

Geduld ist nicht gerade meine Stärke, dafür hat mein Mann Rupert davon umso mehr. Dafür möchte ich ihm von Herzen danken. Auch meiner Schwester Fiona gebührt Dank für ihre Ideen und meinen Eltern für ihre Inspiration.

Chris Tubbs möchte sich bei folgenden Personen bedanken: Jo Denbury und allen, die dieses Projekt möglich gemacht haben. Nicki Peters, Andrea McGarvie-Munn und Chris Brooks für ihre Hilfe; Luis, Steve und Nigel für ihre Unterstützung sowie Dominique für ihr Verständnis. Ein ganz besonderer Dank gilt allen, die uns in ihren wundervollen Häusern empfangen haben.